MARCO POLO

Peloponnes

Reisen mit Insider Tipps

Diesen Reiseführer schrieb Klaus Bötig, durch zahlreiche Reportagen und Bücher als intimer Kenner Griechenlands ausgewiesen.

www.marcopolo.de

Infos zu den beliebtesten Reisezielen im Internet, siehe auch Seite 102

SYMBOLE

Insider Tipp **MARCO POLO INSIDER-TIPPS:**
Von unserem Autor für Sie entdeckt

★ **MARCO POLO HIGHLIGHTS:**
Alles, was Sie auf dem Peloponnes kennen sollten

HIER HABEN SIE EINE SCHÖNE AUSSICHT

WO SIE JUNGE LEUTE TREFFEN

PREISKATEGORIEN

Hotels		Restaurants	
€€€	über 70 Euro	€€€	über 15 Euro
€€	40–70 Euro	€€	10–15 Euro
€	unter 40 Euro	€	unter 10 Euro

Die Preise gelten für zwei Personen im Doppelzimmer ohne Frühstück in der Hauptsaison pro Nacht.

Die Preise gelten für ein Essen mit Fleischgericht, Beilagen, Salat und einem viertel Liter offenen Wein.

KARTEN

[114 A1] Seitenzahlen und Koordinaten für den Reiseatlas Peloponnes

[U A1] Koordinaten für die Karte Patras im hinteren Umschlag

[O] außerhalb des Kartenausschnitts

Karten zu Korinth, Mistrás, Mykene, Nauplia, Olympia und Sparta finden Sie ab Seite 120

Zu Ihrer Orientierung sind auch die Orte mit Koordinaten versehen, die nicht im Reiseatlas eingetragen sind.

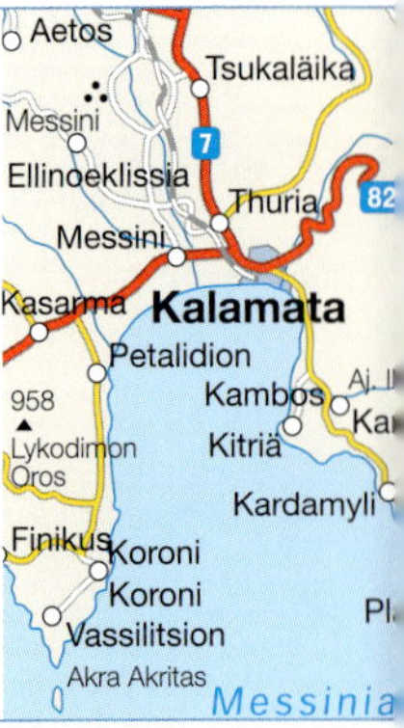

GUT ZU WISSEN

Inhalt

Die wichtigsten MARCO POLO Highlights

Sehenswürdigkeiten, Orte und Erlebnisse, die Sie nicht verpassen sollten

1 **Theaterfestival**
In Epidauros antike Tragödien und Komödien unterm Sternenhimmel (Seite 25)

2 **Alt-Korinth**
Griechenlands Hauptstadt zur Römerzeit mit Markthallen, Tempeln, Brunnen (Seite 28)

3 **Kanal von Korinth**
Schon Kaiser Nero plante in der Antike diese spektakuläre Wasserstraße (Seite 31)

4 **Zahnradbahnfahrt**
Von Diakoptó durch eine wilde Schlucht bis nach Kalávrita (Seite 36)

5 **Kalógria**
Schirmpinienwälder und ein schier unendlicher Sandstrand (Seite 37)

6 **Altstadt**
In den Gassen der besonders schönen Stadt Nauplia finden Sie auch viele attraktive Geschäfte (Seite 39)

7 **Dídima**
Zwei tiefe Karstkrater in der Landschaft, die kein Vulkan geschaffen hat (Seite 44)

Stimmungsvoller Festivalort: das antike Theater von Epidauros

Wehrhaft: Wohntürme in Váthia

Festung Búrtsi vor Nauplia

8 Burg von Mykene
In der über 3200 Jahre alten Burg fand Heinrich Schliemann den berühmten Goldschatz (Seite 50)

9 Ausgrabungen
Ein Streifzug in Olympia am Ort der »Mutter aller Sportwettkämpfe« ist ein absolutes Muss (Seite 57)

10 Archäologisches Museum
Erst hier kann man die Schönheit des alten Olympia ganz ermessen (Seite 59)

11 Pírgos Dirú
Bootsfahrt auf einem Fluss in einer Tropfsteinhöhle (Seite 74)

12 Váthia
In diesem alten maniotischen Dorf stehen die Wehr- und Wohntürme dicht an dicht hoch über der Ägäis (Seite 75)

13 Voidokiliábucht
Sichelförmiger Strand aus feinem Sand vor hohen Dünen (Seite 81)

14 Monemvassía
Die venezianische Festungsstadt gab dem Malvasierwein ihren Namen (Seite 82)

15 Mistrás
Die byzantinische Hauptstadt des Peloponnes war schon für Goethe ein verwunschener Ort (Seite 87)

★ Die Highlights sind in der Karte auf dem hinteren Umschlag eingetragen

Entdecken Sie den Peloponnes!

Der Peloponnes ist ein klassisches Studienreiseziel. Aber auch Strände und Gebirge locken

Wo die Orangen sprießen: Zitrushain in der Argolis

Eine Reise über den Peloponnes ist eine Reise durch 100 verschiedene Landschaften, die zudem von Jahreszeit zu Jahreszeit ihr Aussehen ändern. Die mehr als 2000 m hohen Gebirge sind oft noch Anfang Mai schneebedeckt, wenn an den Küsten bereits das Badeleben beginnt. Hügel und Berge umschließen immer wieder neue Hochtäler und fruchtbare Ebenen, die wie in sich abgeschlossene Welten wirken und oft eine jahrtausendealte, an Tempel- und Palastresten noch sichtbare Geschichte haben. Lange Sandstrände, einsame Dünenstreifen und eindrucksvolle Steilküsten säumen das Ionische Meer und die Ägäis.

Die vier Finger des Peloponnes, vorgelagerte Inseln, die Nähe des Festlands im Norden und Attikas im Osten sorgen zudem für einen besonderen landschaftlichen Reiz: Blickt man hier übers Meer, sind am Horizont meist über 1000 m hohe Berge zu erkennen.

Der bis zu 250 km lange und breite Peloponnes, zweieinhalbmal größer als Kreta, ist weit gehend ländlich geprägt. In der Argolis, der Region um Nauplia und Mykene, bilden Millionen von Orangen- und Zitronenbäumen eine vitaminreiche Vegetation. In der Elis mit der berühmten Ausgrabungsstätte von Olympia verströmen unendlich scheinende, uralte Olivenhaine den Geist des olympischen Friedens. In den breiten Küstenebenen im Nordwesten werden Tomaten und Erdnüsse angebaut. Überall im Flachland wachsen Trauben für Wein, Korinthen und Sultaninen. Künstliche Bewässerung macht vielerorts die Landwirtschaft lohnend, sodass, anders als in anderen Regionen Griechenlands, auch die jungen Leute in ihren Heimatdörfern bleiben.

Das prägt auch das Leben in den Dörfern und Kleinstädten. Die traditionellen Kaffeehäuser sind an jedem Vormittag und frühen Abend gut besucht. Für die jungen Leute

Blaugrün schimmert das Meer

Geschichtstabelle

1580–1100 v. Chr. Mykenische Zeit: Starke Stadtkönigreiche entstehen, allen voran Mykene und Tiryns; es entwickelt sich eine eigenständige Hochkultur

740–720 v. Chr. I. Messenischer Krieg. Sparta unterwirft Messenien

Um 550 v. Chr. Gründung des Peloponnesischen Bundes, der die Vormachtstellung Spartas auf dem Peloponnes festschreibt

492–479 v. Chr. Perserkriege. Die Griechen bleiben siegreich, Athen wird zum größten Widersacher Spartas und zur stärksten Macht in der Ägäis

431–404 v. Chr. Peloponnesischer Krieg zwischen Athen und Sparta sowie ihren jeweiligen Verbündeten. Sparta gewinnt, alle griechischen Stadtstaaten werden geschwächt

338–146 v. Chr. Hellenismus: Philipp II. von Makedonien unterwirft ganz Griechenland. Sein Sohn Alexander der Große begründet ein Weltreich, das nach seinem Tod 323 in mehrere Teile zerfällt

146 v. Chr.–395 n. Chr. Römische Herrschaft. Korinth ist Verwaltungshauptstadt Griechenlands

395–1204 Oströmisch-byzantinische Zeit. Reichshauptstadt ist Konstantinopel

1204–1249 Fränkische Kreuzritter erobern den Peloponnes; Venedig erbaut Festungen an der Küste

1262 Byzanz beginnt mit der Rückeroberung des Peloponnes. Mistrás wird Zentrum eines glanzvollen Fürstenreichs

1446–1460 Die Türken erobern den Peloponnes; nur einige Festungen bleiben noch bis 1540 venezianisch

1684–1715 Die Venezianer halten Teile des Peloponnes besetzt

1821–1828 Griechischer Freiheitskampf gegen die Türken. Die türkische Verwaltungsmetrople Trípoli wird erobert, Nauplia wird erste Hauptstadt des befreiten Landes

1881–1920 In mehreren Kriegen gewinnt das griechische Staatsgebiet seine heutigen Konturen

1940–1949 Im Zweiten Weltkrieg ist Griechenland von Deutschen und Italienern besetzt; danach bricht ein Bürgerkrieg aus

1967–1974 Militärdiktatur

1981 EU-Beitritt Griechenlands

2002 Einführung des Euro

2004 Olympische Spiele in Athen

2006 Patras ist Kulturhauptstadt Europas

Ágios Nikólaos ist nur eine von vielen Kirchen in Monemvassía

gibt es selbst in kleinen Orten moderne, coole Cafés und Bars, in denen sie sich getrennt von den Alten bei eisgekühltem *nescafé frappé* und internationalem Sound treffen. Alte Leute ziehen morgens noch immer mit Maultier und drei Ziegen vom Dorf aufs Feld und mittags zurück, während ihre Enkel vielleicht in Patras oder Trípoli studieren oder in den Küstenhotels Geld verdienen.

Nicht alle jungen Männer, die man in den Dörfern sieht, sind Griechen: Hunderttausende Albaner und andere Osteuropäer, Pakistaner und Schwarzafrikaner verdingen sich auf dem Peloponnes als Land- oder Bauarbeiter.

» *Die mykenische Kultur prägte ganz Hellas* «

Nur drei Städte auf dem von mehr als 1 Mio. Menschen besiedelten Peloponnes haben mehr als 40 000 Bewohner: Kalamáta im Süden, Patras, die mit 164 000 Ew. größte Stadt des Peloponnes, und Korinth an der Nordküste. Schwerindustrie oder die Umwelt belastende Betriebe gibt es praktisch nirgends, nur bei Megalópolis verpestet ein Braunkohlekraftwerk die Luft.

Patras und Korinth sind die beiden wichtigsten Eingangstore: Patras als Hafen für zahlreiche Italienfähren, Korinth als die Stadt am Kanal, über den eine Eisenbahn- und vier Straßenbrücken ins 80 km entfernte Athen führen.

Der Kanal durchschneidet seit 1893 den nur 5600 m schmalen Isthmus, der bis dahin den Peloponnes als Landbrücke mit dem griechischen Festland verband. Der Kanal hat den Peloponnes zur Insel gemacht. Als solche empfanden ihn freilich schon die Menschen der Antike – sein Name bedeutet Insel des Pelops. Mythologie und Geschichte sind auf dem Peloponnes allgegenwärtig.

Auch die bedeutendste Burg des frühen Griechenlands, das u. a. von Heinrich Schliemann freigelegte Mykene, liegt auf dem Peloponnes. Die mykenische Kultur prägte ganz Hellas zwischen 1580 und 1100 v. Chr. Viele der mythischen Figuren, die wir aus den sieben Jahrhunderte nach dem Untergang Mykenes verfassten Tragödien der drei großen Athener Theaterdichter Aischylos, Euripides und Sophokles kennen, waren Herrscher in Mykene. Als Nachkommen des Pelops, dessen Geschlecht wegen eines Königsmords in Olympia unter einem bösen Fluch stand, wurden sie zu Figuren antiker Kriminalgeschichten: z. B. Atreus, der die Kinder des Thyestes schlachtete, um sie ihm anschließend zum Versöhnungsmahl vorzusetzen.

»Landschaft und Zikaden wirken wie Seelenbalsam«

Einige antike Tragödien werden in der Nähe Mykenes im Sommer im antiken Theater von Epidauros aufgeführt. Solch ein Theaterabend unterm Sternenhimmel wird zum unvergesslichen Erlebnis. Immer wieder schweift der Blick über Orchestra und Bühne weit in die wie Seelenbalsam wirkende Landschaft hinaus, und dazu hört man als Begleitmusik die unermüdlichen Zikaden.

Mykene, Epidauros und Olympia sind nur einige der vielen historischen Sehenswürdigkeiten, die auf dem Peloponnes noch dichter gesät sind als im übrigen Griechenland. Alle Epochen sind vertreten, liegen neben- und oft genug auch übereinander.

Die Geschichte des Peloponnes war von kriegerischen Auseinandersetzungen geprägt. Jahrhundertelang bestimmte der Gegensatz zwischen dem aristokratischen Sparta und dem demokratischen Athen die Geschicke des klassischen Hellas. Die Habgier Venedigs sorgte 1204 dafür, dass das Byzantinische Reich zerfiel. Die folgenden zweieinhalb Jahrhunderte standen im Zeichen byzantinischer Rückeroberung des Peloponnes. Nach dem Fall Konstantinopels 1453 und der Eroberung Griechenlands durch die Türken wurde das Osmanische Reich zum neuen Widersacher Venedigs auf der Insel des Pelops.

Von Venedig und Byzanz zeugen noch zahlreiche Bauwerke. Neben vereinzelten Burgen, Kirchen und Klöstern sind es zwei Stadtensembles, deren Besuch Höhepunkte jeder Peloponnesrundreise sind: Mistrás und Monemvassía.

Das byzantinische Mistrás ist heute eine malerische Ruinenstadt an einem 300 m hohen Berghang hoch über der grünen Ebene, in der das antike Sparta lag. Zwischen den Gemäuern mittelalterlicher Wohnhäuser und Paläste sind prächtige Sakralbauten mit schönen Fresken erhalten und ein Kloster, dessen Nonnen jetzt die einzigen Bewohner der einstigen 40 000-Ew.-Stadt sind.

Das venezianische Monemvassía hingegen hat eine Wiederbelebung durch wohlhabende Griechen und Ausländer erfahren. Es wirkt wie ein Mistrás am Meer: Seine intakten mittelalterlichen Gassen werden von Cafés, Tavernen, kleinen Hotels in alten Palästen und renovierten mittelalterlichen Stadthäusern gesäumt, in denen im Sommer zu wohnen als chic gilt.

Bis in den Mai können die Gipfel hoher Berge schneebedeckt sein

Die originellsten Ferienunterkünfte des Peloponnes stehen aber in der Máni auf dem mittleren seiner drei großen Finger. Die Máni, vom 2400 m hohen Taigéttosgebirge gegen den übrigen Peloponnes abgeriegelt, gilt als steinigste und wasserärmste Region Griechenlands. Rau wie die Landschaft waren hier bis vor kurzem auch die Sitten. Die Manioten hielten alle Türken aus ihrer Heimat fern; sie waren wesentlich an der Befreiung Griechenlands beteiligt. Aber auch untereinander lagen sie häufig im Streit. Von ihren turmartigen Familienburgen aus beschossen sich Nachbarn über nur wenige Meter Entfernung wegen nichtiger Anlässe. Heute kann man als Urlauber in manchen von ihnen wohnen.

Nauplia ist zusammen mit seinem Nachbarort Tolón eines der großen Ferienzentren auf dem Peloponnes, der sonst für Pauschalurlauber noch wenig erschlossen ist. Eine Rolle in diesem Geschäft spielen wegen ihrer Nähe zu den Flughäfen von Athen und Áraxos nur die argolische Halbinsel mit Pórto Héli und Ermióni sowie der äußerste Nordwesten zwischen Patras und Lutrá Killínis. Davon abgesehen ist der Peloponnes Urlaubsziel von Studienreisenden und Individualurlaubern, die mit Bus, Bahn oder eigenem Auto kommen. Die Schönheit der Küsten verlockt viele, den Peloponnes zu umfahren und nur die berühmtesten Stätten im Landesinnern zu besuchen. Das aber ist ein Fehler! Die ganze Schönheit dieser südgriechischen Landschaft entdecken nur jene, die auch die Dörfer in den Bergen ansteuern, die unbekannte Kirchen, Klöster und Ausgrabungen abseits der Hauptrouten besuchen.

» Ziel für Studienreisende und Individualurlauber «

Attika und Apoll, Chamäleons und Kirchenkunst

Was Sie zum Verstehen des alten und neuen Griechenlands wissen sollten

Antike Götter

Die griechischen Götter der Antike trugen menschliche Züge. Sie waren zwar unsterblich, hatten aber Vorfahren. Sie vermählten sich und bekamen Kinder, hatten Geschwister und Affären. Sie mischten sich in das Leben des Einzelnen und der Stadtstaaten ein, ergriffen Partei und übten Rache. Jeder Gott hatte seine besonderen Aufgaben und jeweils eine Reihe von Städten, die unter seinem Schutz standen. So erbaute denn auch jede Stadt einen Tempel für ihren Gott. Daneben gab es gesamtgriechische Heiligtümer wie Olympia, die allen Hellenen besonders viel bedeuteten.

Die Römer übernahmen später weit gehend die Götter der Griechen und gaben ihnen lateinische Namen. Da diese bei uns oft bekannter sind als die griechischen, stehen in der folgenden Beschreibung die lateinischen Götternamen in Klammern:

Göttervater Zeus (Jupiter), ein Sohn des von ihm entmachteten Kronos und dessen Gemahlin Rhea, war der mächtigste Gott. Ihm zu Ehren wurden alle vier Jahre die Olympischen Spiele veranstaltet; ein bedeutender Zeus-Tempel stand aber auch in Neméa.

Den Zeus-Tempel in Archéa Neméa zerstörte ein Erdbeben im 4. Jh.

Zeus' Brüder waren Poseidon (Neptun), der für das Meer und Erdbeben zuständig war und dem man einen Tempel in Isthmía bei Korinth widmete, sowie Hades (Pluto), der Gott der Unterwelt. Gemahlin des Zeus war Hera (Juno), die Beschützerin der Ehe. Ihr war ein Tempel in Olympia geweiht; ihr größtes Fest wurde alljährlich im Heraion bei Árgos begangen. Einziger gemeinsamer Sohn von Zeus und der ihm stets treuen Hera war Hephaistos (Vulcanus), der Gott der Juweliers- und Schmiedekunst.

Aphrodite (Venus), die Göttin der Liebe, war die Gemahlin des hinkenden Hephaistos. Ihr bedeutendstes peloponnesisches Heiligtum lag in Akrokorinth. In ihrem Tempel leisteten über 1000 Tempeldienerinnen den Besuchern zum Wohl der Stadt Liebesdienste. Geliebter der Aphrodite war der Kriegsgott Ares (Mars), dem die

So wie in Pílos stehen in fast allen Orten Denkmäler für Kriegsgefallene

Griechen zwar mit Taten eifrig huldigten, aber kaum Tempel bauten.

Aus einem der vielen außerehelichen Verhältnisse des Zeus ging Apoll (auch römisch Apoll) hervor, der Gott der Schönheit, der Dichtkunst und des Lichts. Die bedeutendsten ihm geweihten Tempel standen an der Agorá von Korinth und im einsamen Bassae. Seinem Sohn Asklipios (Äskulap), dem Gott der Heilkunst, wurde besonders in Epidauros gehuldigt. Eine Zwillingsschwester des Apoll war Artemis (Diana), die Göttin der Jagd.

Dionysos (Bacchus) schließlich war der Gott der Fruchtbarkeit und des Weins. Als Gott des Theaters wurden ihm in jedem griechischen Theater vor den Aufführungen Opfer dargebracht.

Attika

Attika nennt man die historische Landschaft und moderne Verwaltungsregion um Athen. Aus geschichtlichen Gründen, aber auch der besseren verkehrsmäßigen Anbindung wegen, gehört ein winziger Zipfel auf dem kleinsten Finger des Peloponnes noch heute zu Attika: das Küstengebiet um Galatás und die Halbinsel Méthana.

Aus- und Umsteiger

Vor allem die Gegenden um Koróni und Pórto Héli sind seit den Achtzigerjahren bevorzugte Gebiete deutscher und österreichischer Aus- und Umsteiger. Dementsprechend groß ist dort die Zahl deutschsprachgier Immobilienmakler. Die Zeit der Schnäppchen ist allerdings vorbei, die Kaufpreise für Häuser und Grundstücke ähneln denen in vielen deutschen Regionen.

Bürgerkrieg

Griechenland hat im 20. Jh. so häufig unter Kriegen gelitten wie kaum ein anderer europäischer Staat: von 1904 bis 1908 (Krieg gegen Bulgarien), von 1912 bis 1922 (Erster und Zweiter Balkankrieg) und von 1940 bis 1949 (Zweiter Weltkrieg und Bürgerkrieg). Für die Opfer dieser Kriege sind in nahezu allen Städten und Dörfern Denkmäler errichtet worden, nur selten jedoch für die Toten des Bürgerkriegs, der von 1944 bis 1949 dauerte. Im Bürgerkrieg standen sich Kommunisten und von den Engländern unterstützte Bürgerliche gegenüber, die zuvor gemeinsam als Partisanen gegen die Besatzer aus Nazideutschland gekämpft hatten. Er kostete die Griechen mehr Menschenleben als der Zweite Weltkrieg: über 160 000.

Byzanz

Byzanz begegnet Reisenden auf dem Peloponnes mindestens ebenso häufig wie die Antike. Mistrás war eine der byzantinischen Metropolen des späten Mittelalters, byzantinische Kirchen, Klöster und Burgen sind allgegenwärtig. Das Byzantinische Reich ging im 6. Jh. aus dem Oströmischen Reich hervor. In der Frühzeit erstreckte es sich bis nach Vorderasien, Nordafrika und Spanien. Sein Niedergang begann 1204 mit der Eroberung der Hauptstadt von Byzanz, Konstantinopel (heute Istanbul), durch Venedig und die westlichen Kreuzritter, in deren Folge auch der Peloponnes zu einem von Kreuzrittern beherrschten Fürstentum wurde. Von Mistrás aus wurde zwar eine byzantinische Rückeroberung versucht, doch mit dem Fall Konstantinopels 1453 kam auch für das byzantinische Despotat von Mistrás das endgültige Ende.

Fauna

Wild lebene Säugetiere erspäht man auf dem Peloponnes fast nie, obwohl es Rehe, Wildschweine, Hasen, Schakale, Kaninchen und Füchse gibt. Schlangen sieht man meist nur überfahren auf den Straßen. Häufig sind Eidechsen und Schildkröten. In den Gebirgen sind noch Schlangenadler und Wespenbussarde heimisch. Vogelparadiese sind vor allem die Küstenwälder bei Kalógria und die Kotíchilagune un-

In Aphrodites Namen

Die Tempelprostitution in Akrokorinth als heiliger Akt

Im christlichen Abendmahl verwandeln sich nach katholischer und orthodoxer Lehre profanes Brot und profaner Wein auf mystische, also geheimnisvolle Weise in Leib und Blut Christi. Gott wird darin gegenwärtig. Ein ähnliches Mysterium vollzog sich für den eingeweihten Gläubigen in vielen antiken Tempelbezirken der Göttin Aphrodite. Beim Liebesakt fuhr die Gottheit in die Tempeldienerin ein. Der Mann verschmolz nicht mit einer anonymen, ihm unbekannten Irdischen, sondern mit Aphrodite selbst. Ihm gelang, was das Ziel vieler Gebete ist: das Eingehen in Gott.

mittelbar südlich davon. Über 500 Chamäleons leben noch bei Pílos.

Flora

Für Pflanzenfreunde ist der Peloponnes zwischen Ende Februar und Mitte Mai am schönsten. Dann blüht es nicht nur in den Gärten, sondern auch mannigfach in freier Natur. Hibisken und Bougainvilleen stehen in vielen Städten und Dörfern, auf den Feldern faszinieren Klatschmohnblumen, Asphodelien, Narzissen, Iris, wilde Tulpen, Anemonen und Alpenveilchen. An Bachläufen blüht Oleander, ganze Berghänge sind von gelb blühendem Ginster überzogen.

Während die Küstenebenen weit gehend landwirtschaftlich genutzt werden, sind die Berghänge oft von Macchia oder der für den Laien sehr ähnlichen Phrygana bedeckt. Beide werden von duftenden Kräutern wie Thymian, Salbei und Oregano, von Erdbeerbäumen, Zistrosen, Disteln, Lorbeer und Wacholder gebildet. Vor allem in höheren Lagen findet man auch Wälder aus Aleppokiefern, Kastanien, Ahornen, Ulmen, Buchen und Steineichen. Die Straßen werden oft von Eukalyptusbäumen gesäumt. Quellen und Dorfplätze sind bevorzugte Standorte der Platane.

Ikonen

Eine Kirche ohne Ikonen ist in Hellas unvorstellbar. Die Tafelbilder von Heiligen und biblischen Ereignissen sind dabei etwas ganz anderes als fromme Malereien in unseren Gotteshäusern. Für orthodoxe Gläubige sind sie gleichsam Tore zum Himmel. Verehrt werden nicht die Bilder, sondern die auf ihnen Dargestellten. Der Gläubige küsst nur scheinbar das Bild, in Wahrheit aber den Heiligen. Ihm schenkt er das Edelmetall, mit dem viele Ikonen überzogen sind, die kostbaren Vorhänge, Ringe, Edelsteine und Uhren, die man an manchen Ikonen sieht. Der Ikonenmaler fühlt sich nicht als freier Künstler, sondern als Vollstrecker uralter Regeln, die nicht von Menschen geschaffen wurden. Er hat nur wenig Freiheiten; seine Phantasie und künstlerische Kreativität sind nicht gefragt. Das führt dazu, dass sich so viele Ikonen gleichen, unabhängig davon, aus welchem Jahrhundert sie stammen: Die Maler halten sich streng an den byzantinischen Formenkanon. Für jede Darstellungsweise muss es eine theologische Begründung geben und damit Malvorschriften, die es bis heute einzuhalten gilt.

Industrie

Der einzige bedeutende Industriestandort auf dem Peloponnes ist Patras. Hier werden nicht nur Bier, Wein und Spirituosen in großem Umfang produziert, sondern auch Textilien, Papier-, Gummi- und Lederprodukte. Bei Korinth arbeitet eine Erdölraffinerie. Kalamáta ist ein Zentrum der griechischen Zigarettenindustrie. In Aegio spielt die Möbel- und Papierherstellung eine gewisse Rolle.

Kombolói

Vor allem ältere griechische Männer spielen stets mit einem *kombolói,* einem Kettchen ähnlich dem Rosenkranz. Es hat jedoch keine religiöse Bedeutung, sondern dient nur dem Zeitvertreib. Wahrscheinlich haben es die Griechen in Abwandlung der türkisch-islamischen

Die Küste bei Romanós: Auch dieser Name erinnert an die Römer

Gebetskette übernommen; sie reduzierten dabei freilich die Zahl der Perlen erheblich. Besonders groß ist das Angebot an *kombolóia* in der Stadt Nauplia.

Morea
Manchmal wird der Peloponnes auch *Morea* (Moriás) genannt. Der Name ist venezianischen Ursprungs, stammt aus dem 13. Jh. und entstand aus einer Verstümmelung des Wortes *Rhomaia.* Das bedeutet Römerland: Weil sich Byzanz als legitimer Nachfahre des Römischen Reichs verstand, nannten sich seine Bürger Römer, auch wenn sie griechischer Nationalität waren.

Religion
Nahezu alle Hellenen bekennen sich zum griechisch-orthodoxen Christentum. Christen anderer Konfessionen gelten als Anhänger eines Irrglaubens, der ihnen den Weg in den Himmel versperrt. Zur offiziellen Kirchenspaltung, dem Schisma, kam es bereits 1054.

Urlaubern fallen zunächst die Kirchen und die vielen kleinen Kapellen auf. Viele sind weiß gekalkt, alte byzantinische Gotteshäuser sind unverputzt und zeigen ein schönes Mauerwerk aus Bruchsteinen und Ziegelsteinbändern. Kirchtürme sind selten, Kuppeln häufig. Statuen, Beichtstühle und Weihwasserbecken fehlen, dafür ist das Mauerwerk innen oft mit Fresken überzogen. Altar- und Gemeinderaum trennt eine Bilderwand, die Ikonostase. Überall auf dem Peloponnes begegnet man orthodoxen Priestern, die lange, dunkle Gewänder, einen üppigen Bart und eine hohe Kopfbedeckung tragen. Sie sitzen in Kaffeehäusern, verrichten Feldarbeit und sind auch als Händler auf den Märkten tätig. Viele haben große Familien, da sie vor der Priesterweihe heiraten dürfen.

Alle Teller gehören allen

Bevor Sie bestellen, zeigen Ihnen die Wirte, was auf den Tisch kommen kann

Auf dem Peloponnes müssen Sie sich nicht mit schwer verständlichen Speisekarten herumschlagen. Die Wirte zeigen offen, was sie zu bieten haben. In den Tavernen stehen alle gekochten und geschmorten Gerichte in Töpfen und Kasserollen im verglasten Warmhaltetresen. Fleisch und Fisch zum Grillen und Braten liegen in Kühltresen oder im Kühlschrank, der für die wählenden Gäste geöffnet wird. Manchmal können sie sogar in die Küche gehen und schauen, was gerade auf dem Herd steht.

Trotzdem kann es beim Bestellen Missverständnisse geben, weil die Griechen ihre eigenen Ess- und Trinksitten haben. Tellergerichte mit Fleisch, Gemüse, Kartoffeln und Salatschälchen sind in Hellas weit gehend unbekannt. Gemüse und Salat sind immer ein eigenständiges Gericht auf eigenem Teller, nur Fleisch und Kartoffeln (meist Pommes frites) werden automatisch zusammen serviert. Frischer Fisch wird immer nach Gewicht berechnet und ist ausgesprochen teuer. Um unliebsamen Überraschungen vorzubeugen, sollte man beim Abwiegen dabei sein und gleich nach dem Preis fragen. Eisgekühltes Leitungswasser, *fisikó neró,* wird kostenlos auf den Tisch gestellt und kann überall bedenkenlos getrunken werden. Wer einfach nur Wasser, *neró,* ordert, muss jedoch damit rechnen, dass man ihm Mineralwasser serviert, das natürlich etwas kostet. Bier wird in Griechenland häufig noch wie Wein behandelt: Man kann auch eine Flasche mit mehreren Gläsern bestellen. Die griechischen Weine sind zumeist einfache Tafelweine. Erst in den letzten Jahren hat man begonnen, auch Jahrgangsweine zu produzieren. Diese etwas besseren Weine tragen fast immer das Wort *cáva* (Keller) im Namen. Eine Spezialität Griechenlands ist der preiswerte *retsína,* ein mit dem Harz der Aleppokiefer versetzter Weißwein.

Über die Güte der griechischen Küche kann man streiten. Mit dem, was in griechischen Restaurants im Ausland geboten wird, hat sie jedenfalls nur wenig gemein. Vielfältig und ideenreich präsentiert sie sich in manchen Kochbüchern. In den meisten Restaurants und Tavernen hingegen scheut man Zeit raubende Raffinesse.

In Griechenlands Süden ist das Essengehen ein Open-Air-Vergnügen: Straßenrestaurant in Nauplia

Spezialitäten des Peloponnes

Lassen Sie sich diese Köstlichkeiten gut schmecken!

anthús – mit Reis und Kräutern gefüllte Zucchiniblüten

arní – Lammfleisch

bakaljáros fúrnu – Stockfisch aus dem Backofen

bámjes – Okraschoten

briám – Ratatouille mit viel Auberginen

dolmadákja – mit Reis und Kräutern gefüllte Weinblätter, werden meist kalt gegessen

dolmádes – mit Reis und Hackfleisch gefüllte, meist mit einer Ei-Zitronen-Sauce warm servierte Weinblätter

fasoláda – Bohnensuppe

fáva – Püree aus gelben Erbsen, das mit Olivenöl und Zwiebeln vermischt gegessen wird

jemistés – mit Reis und Hackfleisch gefüllte Tomaten, Paprikaschoten oder Auberginen

juvétsi – überbackene, Reis ähnlich sehende Weizennudeln mit Rind- oder Lammfleisch

kakaviá – die griechische Form der Bouillabaisse. Der Fisch wird nicht in der Suppe, sondern auf einem separaten Teller serviert

kefaláki – am Spieß gegrillter Schafskopf

kokorétsi – in Darm gewickelte, am Spieß gegrillte Innereien

kolokithósupa – Kürbissuppe

marídes – knusprig ausgebackene Sardellen, die man mit Haut und Gräten, Kopf und Schwanz verzehrt

mussaká – Auflauf aus Auberginen, Hackfleisch und Béchamelsauce, manchmal auch zusätzlich mit Zucchini oder Kartoffeln

oktapódi – Krake; gegrillt, als Ragout oder als Salat zubereitet

pastítsjo – Nudelauflauf mit Béchamelsauce und Hackfleisch

patsária – Rote Bete, entweder kalt als Salat oder lauwarm serviert

revithókeftedes – eine Art Reibekuchen aus Kichererbsenmehl

saítja – mit Spinat gefüllte Blätterteigtaschen

sikóti – gebratene Leber

spanakópitta – mit Spinat gefüllte Blätterteigtaschen

stifádo – meist Rind-, seltener Kaninchengulasch mit Zwiebelgemüse in einer mit Zimt gewürzten Sauce

Feste Essenszeiten gibt es nur in modernen Restaurants in den Touristenzentren. Griechen gehen essen, wann sie wollen – durchgehend von 10 Uhr morgens bis zum späten Abend. Nur wenige Restaurants haben Ruhetage (wo dies verlässlich der Fall ist, sind sie in diesem Reiseführer angegeben) oder exakte Öffnungszeiten. Für den kleinen Hunger gibt es außerdem nicht nur eine stetig zunehmende Zahl moderner Snackbars amerikanischen Stils, sondern auch immer noch viele kleine Grillbuden, an denen man *gýros* im Fladenbrot, griechische Bratwürste und *suvlákia,* kleine Fleischspieße, bestellen kann. Eine Taverne ist dagegen ein traditionelles Speiselokal, ein Restaurant wiederum ein nach westlichen Vorbildern gestaltetes Lokal. Die Grenzen sind freilich fließend.

Hat man Platz genommen, bringt der Kellner unaufgefordert einen Korb Weißbrot, das man auch dann bezahlen muss, wenn man nichts davon isst, sowie kleine Papierservietten und billige Blechbestecke. Nur in Restaurants, die auf den Touristengeschmack eingerichtet sind, gibt es Stoffservietten, -tischdecken und Kerzenlicht.

Für die Griechen ist das Essen vor allem ein geselliges Ereignis. Meist geht man mit der Familie und mit Freunden aus; allein essende Pärchen sind selten. Entsprechend sind auch die Tischsitten. Keiner bestellt nur für sich, alle Teller gehören allen. Jeder nimmt sich auf die Gabel, wovon er möchte. Man wünscht sich *kalí óreksi,* guten Appetit, und prostet einander zu: *stin ijía mas* – auf unsere Gesundheit.

Ein traditioneller griechischer Lokaltyp sind auch die meist nur abends geöffneten Ouzerien. Die meisten Einheimischen trinken hier kleine Karaffen oder Fläschchen des Nationalgetränks *ouzo,* eines Anisschnapses. Dazu werden Oktopus, Fisch- und Fleischgerichte, Salate, Oliven, Gurken und Tomaten serviert. Im Unterschied zu anderen Lokalen bestellt man hier von vielem wenig. Man kann die Auswahl auch dem Wirt überlassen und einfach *pikilía* oder *mezédes* (gemischte Vorspeisenplatten) ordern – vergleichbar der spanischen Tradition der Tapas.

Griechische Kaffeehäuser sind kein Ort für Kaffee trinkende Damen, sondern Treffpunkt der Männerwelt. Hier können sie schwadronieren, ohne zur Ordnung gerufen zu werden. Im Haus hingegen hat wie in der Antike oft die Frau das Sagen. Jedes Dorf hat mindestens ein solches *kafeníon,* meist gleich mehrere *kafenía.* Man sitzt beieinander, um über Gott und die Welt zu reden, um *távli,* Karten oder Dame zu spielen. In vielen *kafenía* gibt es dafür Spieltische, die mit grünem Filz bespannt sind. Es wäre ein Sakrileg, würde ein Fremder an solch einem Spieltisch Platz nehmen.

Wer Kaffee bestellen will, muss immer sagen, wie er ihn wünscht. Beim griechischen Kaffee wird nämlich das Wasser zusammen mit dem Kaffeepulver und dem Zucker aufgekocht. *Kafé ellinikó* gibt es in vielen Varianten: *skétto,* ohne Zucker; *métrio,* mit etwas Zucker; *glikó,* mit viel Zucker; *dipló,* als doppelte Portion. Löslichen Kaffee bestellt man grundsätzlich als *neskafé* – entweder *sestó,* heiß, oder *frappé,* kalt mit Eiswürfeln. Am besten sagt man auch hier gleich den gewünschten Süßegrad dazu.

Marzipan und Marmorstatuen

Originelle Souvenirs sind schwer zu finden – Kitsch und Kopien herrschen vor

Die griechischen Götter sind zum Exportartikel geworden. In den Souvenirgeschäften von Olympia und Mykene stehen sie als Statuen in jeder Größe herum. Marmorstatuen, die nicht ins Handgepäck passen, werden dem Käufer an jeden Ort der Welt nachgesandt. Die Händler bezeichnen sie als Museumskopien, die Hersteller aber gehen recht frei mit den Vorlagen um. So manche schöne Statue in den Schaufenstern entspricht zwar modernem Publikumsgeschmack, wäre den alten Griechen aber völlig neu. Mit Kopien antiker Vasen wird vor allem in Korinth gehandelt, wo man den Kopisten auch bei der Arbeit zusehen kann.

Wer Wert auf Qualität legt oder gar auf der Suche nach griechischer Designermode ist, sollte in Patras, Kalamáta oder Nauplia zum Einkaufsbummel aufbrechen. Hier haben auch bekannte Athener Boutiquen Filialen. Nauplia ist zudem ein gutes Pflaster für Antiquitäten. Wer schöne Holzschalen und andere Schnitzarbeiten liebt, wird im Bergdorf Vitína fündig.

Griechische Juweliere lassen sich auch von antiken Schmuckstücken inspirieren

Griechen bringen von ihren Reisen am liebsten kulinarische Spezialitäten der besuchten Regionen mit nach Hause. In Monemvassía kaufen sie *amigdalotó,* eine hellenische Variante des Marzipans, in Neméa Wein, in Kalamáta Oliven, *ouzo* und den Tresterschnaps *tsípuro.* Aus Messenien kommt das beste Olivenöl; Sie bekommen es in der Máni oder in Kalamáta. In vielen Bergdörfern werden Kräuter, hausgemachte Nudeln, eine Vielzahl von in Sirup eingelegten Früchten und Thymianhonig angeboten.

In den Touristenzentren kennt man keine Ladenschlusszeiten. In den Städten hingegen sind die meisten Geschäfte sonntags sowie nachmittags von etwa 14 bis 17 Uhr geschlossen. Von 17 bis 20 Uhr haben sie dann montags, mittwochs und freitags wieder geöffnet. Auch die Griechen achten inzwischen bei Einkäufen auf den Cent. Internationale Discounter machen den Tante-Emma-Läden das Leben immer schwerer. Marktführer sind die Filialen von Lidl und Marinópulos/ Carrefour. Immer zahlreicher werden in den Städten kleine Chinaläden, in denen die Griechen billige Textilien, Schuhe, Regenschirme und Haushaltswaren erstehen.

Feste, Events und mehr

Karneval, Festivals oder Kirchweihfeste – auf dem Peloponnes ist viel los

Jede Stadt und fast jedes größere Dorf veranstaltet, bevorzugt im Hochsommer, ein Kulturfestival. Damit wollen sich die Orte vor allem den ausgewanderten Mitbürgern auf Heimatbesuch und Urlaubern aus anderen Teilen Griechenlands präsentieren. Aber natürlich profitieren davon auch ausländische Touristen. Größtes Fest im Jahreskreis ist in Patras der Karneval und überall auf dem Peloponnes Ostern (die Termine für diese Feste liegen in den meisten Jahren später als bei uns). Außerdem begeht jeder Ort mindestens einmal im Jahr ein Kirchweihfest mit Volkstänzen, griechischer Musik und oft auch gemeinsamen Essen auf dem Dorfplatz.

Feierlich: Ostergottesdienst

Feiertage

1. Januar *Neujahr;* **6. Januar** *Dreikönigsfest;* **Rosenmontag** (6. März 2006, 19. Feb. 2007); **25. März** *Nationalfeiertag;* **Karfreitag** (21. April 2006, 6. April 2007); **Ostern** (23./24. April 2006, 8./9. April 2007); **1. Mai** *Tag der Arbeit;* **Pfingsten** (11./12. Juni 2006, 27./28. Mai 2007); **15. August** *Mariä Entschlafung;* **28. Oktober** *Nationalfeiertag;* **25./26. Dezember** *Weihnachten*

Feste und Veranstaltungen

Faschingssonntag

★ Am Nachmittag großer *Karnevalsumzug* in Patras mit über 16 000 Teilnehmern und 50 Wagen. Am Abend am Hafen Großfeuerwerk und Verbrennen des Königs Karneval in Form einer riesigen Puppe.

Rosenmontag
Fast alle Griechen fahren zum mittäglichen *Picknick* an die Strände oder in die Berge und lassen Drachen steigen.

Karfreitag
Gegen 21 Uhr feierliche *Prozessionen* in allen Städten und Dörfern.

Ostern
Am Ostersamstag gehen nahezu alle Griechen gegen 23 Uhr in die Kirche. Um Mitternacht verkündet der Priester die *Auferstehung Christi.* Die Gläubigen entzünden Kerzen, in den Städten beginnt ein großes Feuerwerk. Man geht nach Hause, um die traditonelle Ostersuppe zu essen. Am Sonntagmittag drehen sich dann überall Lämmer am Spieß, die nachmittags bei fröhlichen Feiern verzehrt werden.

Anfang Juni
Insider Tipp Viertägiges *Jazzfestival* auf dem Gelände des Alten Hospitals von Patras.
Großes *Volkfest* mit traditionellen Liedern und Tänzen am ersten Sonntag im Juni in Stemnítsa.

Ende Juni–Ende August
★ *Theaterfestival* mit Aufführungen antiker Dramen im antiken Theater von Epidauros.

Mitte Juni–Anfang September
Kulturfestival mit Theateraufführungen und Konzerten im römischen Odeon von Patras.

Juli
Großes *Kirchweihfest* mit Musik und Tanz zu Ehren der hl. Kiriakí in Dimitsána am 7. Juli.

August
Am 15. August (Mariä Entschlafung) *Kirchweihfeste* mit Musik und Tanz in zahlreichen Orten.
Insider Tipp Großer *Jahrmarkt* mit Viehmarkt am Park von Episkopí Tegéas bei Trípoli Mitte August.
Kirchweihfest im Kloster Elónas bei Leonídio am 23. August.
Insider Tipp Einwöchiges *Kirchweihfest* in Mistrás verbunden mit einem großen Jahrmarkt in der letzten Augustdekade.
Weinfest in Neméa am letzten Augustwochenende.

September
Touristische Woche in Paléa Epidauros mit vielen Folkloreaufführungen Anfang September.
Großes *Volksfest* in Trípoli zum Gedenken an die Befreiung von den Türken am 23. September.

De Zoch kütt – nach Patras

ΔΑΝΑΗ

Erste Begegnung mit dem Peloponnes

An Patras und Korinth führt kein Weg vorbei. Doch das Hinterland ist hier viel reizvoller als die Küste

Achaía und Korinthía heißen die beiden nördlichen Regierungsbezirke des Peloponnes. Die zwei größten Städte der Halbinsel, Patras und Korinth, sind auch ihre Verwaltungsmetropolen. Schön sind beide Städte nicht. Sie haben keine alten Zentren; Abgase und Lärm erschweren das Atmen und Schlafen. Einen Kurzbesuch lohnen sie trotzdem: Korinth wegen seiner Ausgrabungen, Patras wegen seiner Geschäfte.

Schön ist die Landschaft in beiden Regionen. Küstenstädte und -dörfer sind dem Festland zugewandt, dessen hohe Berge jenseits des Korinthischen und Paträischen Golfs fast immer zu sehen sind. Achaía besitzt große Küstenebenen, in Korinthía zwängen sie sich zwischen Berge und Golf. Zum Baden ist dieser Golf allerdings kaum geeignet: Er gehört zu den wenigen griechischen Gewässern, die arg mit Schadstoffen belastet sind.

Ein Erlebnis sind Abstecher in die Bergwelt der beiden Provinzen. Im Hinterland von Patras ragen die bis Mai schneebedeckten Gipfel bis zu 1926 m hoch auf, bei Kalávrita steigt das Aroániagebirge 2341 m an. In den Bergen erwarten Sie beeindruckende Schluchten, schöne Höhlen und fruchtbare Hochebenen, historisch bedeutsame Klöster, Kirchen und antike Stätten.

76 m hoch, 24 m schmal: der Kanal von Korinth

Hier ist die Fischerei noch echtes Hand-Werk: Fischfang bei Kalógria

KORINTH

[116 B3] Korinth (30 000 Ew.) ist eine neue, weit gehend gesichtslose Stadt, weil zwei schwere Erdbeben 1858 und 1928 nahezu die gesamte historische Bausubstanz vernichtet haben. Schön ist nur die große Platía am Hafen mit Blick auf kleine und große Schiffe und die gegenüberliegende Küste. Wer den Stadtverkehr meiden will, steuert gleich auf der Schnellstraße nach Archéa Kórinthos die antiken Stätten an.

Da warens nur noch sieben: Einst zählte der Apollo-Tempel 38 Säulen

SEHENSWERTES

Akrokorinth

Aus der Küstenebene von Korinth erhebt sich ein mächtiger, 575 m hoher Fels, auf dem die Mauern und Zinnen einer weitläufigen Burganlage zu erkennen sind. Sie stammen aus fränkisch-byzantinischer, venezianischer und türkischer Zeit und sind teilweise auf Quaderreihen aus der Antike errichtet. Der einzige Zugang im Westen der Festung ist durch einen dreifachen Mauerring mit drei Toren besonders stark gesichert. In der Antike standen in Akrokorinth mehrere Tempel, von denen heute keine nennenswerten Spuren mehr erhalten sind. Auf dem höchsten Punkt des Felsens wurde der Liebesgöttin Aphrodite gehuldigt. Junge Tempeldienerinnen gaben sich hier männlichen Pilgern hin, um damit der Stadt den Schutz der Gottheit zu sichern. Zeitweise waren im Heiligtum über 1000 Frauen tätig. *Asphaltierte Zufahrt vom 3 km entfernten Alt-Korinth aus beschildert, Di–So 8–19, im Winter 8 bis 14.30 Uhr, Eintritt frei*

Alt-Korinth (Archéa Kórinthos)

Karte auf Seite 122

★ Das ländlich und beschaulich gebliebene Dorf am Stadtrand von Korinth grenzt unmittelbar an die Ausgrabungen der antiken Stadt, die bereits im 8. Jh. v. Chr. eines der bedeutendsten Gemeinwesen Griechenlands war. Ihr großer Vorteil war die Nähe zweier geschützter Landeplätze: am Saronischen und am Korinthischen Golf, also sowohl dem Westen als auch dem Osten der antiken Welt zugewandt.

146 v. Chr. wurde das alte Korinth von den Römern dem Erdboden gleichgemacht, weil die Korinther sich gegen Rom gestellt hatten. Deswegen sind im Ausgrabungsgelände heute auch kaum Spuren aus der griechischen Antike erhalten.

Erst 100 Jahre später gründete Cäsar die Stadt neu. Als der Apostel Paulus sie ihrer großen jüdischen Gemeinde wegen im Jahr 51 oder 52 besuchte, war sie bereits wieder eine blühende Großstadt. Erdbeben in den Jahren 375 und 551 zerstörten auch sie.

Archäologen haben seit 1892 das Stadtzentrum mit seinen Tempeln, Markthallen und Brunnen freigelegt. Schon auf dem Weg vom Eingang der Ausgrabungsstätte zum Museum sieht man links einen gewaltigen Felsblock mit eingearbeiteten Brunnenkammern, die *Glauke-Quelle.* Dahinter erheben sich die sieben noch aufrecht stehenden dorischen Säulen des *Apollo-Tempels.* Jede ist monolithisch, also aus einem Stück gearbeitet, und beeindruckt durch harmonische Proportionen. Ursprünglich umgaben den um 550 v. Chr. errichteten Tempel 38 solcher Säulen.

Unmittelbar am Museum steht der *Octavia-Tempel* mit drei deutlich andersartigen Säulen. Sie sind aus Säulentrommeln zusammengesetzt und mit einem verspielten korinthischen Kapitell bekrönt. Ihnen fehlt die würdevolle Strenge der Säulen des Apollo-Tempels. Der Bau ist ja auch 600 Jahre jünger und stammt aus römischer Zeit.

Nach dem Museumsbesuch betritt man über eine Treppe die *agorá,* den Marktplatz der antiken Stadt. Ihn säumten weitere Tempel, Säulenhallen mit Geschäften und öffentliche Gebäude wie Gericht und Stadtarchiv. Im Zentrum des Platzes ist eine auf die Agorá vorspringende Terrasse als *bema* markiert. Von dieser Rednertribüne aus soll der Apostel Paulus zu den Korinthern gesprochen haben.

Etwa 30 m südlich der Bema begrenzte eine 165 m lange Säulenhalle den Marktplatz. Deutlich erkennbar sind 33 zweigeteilte Räume. In den vorderen sind Brunnenschächte zu sehen, die sie als Marktschänken ausweisen: In ihnen wurden Getränke kühl gehalten.

Auf der gegenüberliegenden Seite der Agorá führen Treppen auf die mit Marmor gepflasterte *Lechaion-Straße* hinunter. Sie verband das Zentrum der Stadt mit dem Hafen

MARCO POLO Highlights »Achaía und Korinthía«

★ **Kanal von Korinth**
Von weit oben auf die Schiffe schauen (Seite 32)

★ **Alt-Korinth**
Ein Bummel durch die Antike (Seite 28)

★ **Kloster Méga Spíleon**
Über sieben Etagen mit dem Fels verwachsen (Seite 37)

★ **Zahnradbahnfahrt**
Durch die wilde Schlucht des Vuraíkos (Seite 36)

★ **Kalógria**
Feiner Sand und ein Naturparadies (Seite 37)

★ **Neméa**
Das beste antike Stadion und guter Wein (Seite 32)

Hirtengott Pan mit seiner Flöte: römisches Fußbodenmosaik im Archäologischen Museum

am Korinthischen Golf und führt heute zum Ausgang des Grabungsgeländes. Gleich rechts der Treppen sind die immer noch eindrucksvollen Überreste der schönsten Brunnenanlage Korinths zu sehen, des *Peirene-Brunnens* aus dem 2. Jh. Das Wasserbecken im kleeblattförmigen Innenhof war einst von einem Bronzegitter umgeben. Über den sechs Rundbögen der Schöpfbecken erhob sich ein Obergeschoss, Statuen schmückten die Wände. Die Schöpfbecken waren mit Wandmalereien verziert, von denen in den beiden mittleren noch Spuren erhalten sind.

Geht man nach Verlassen des Grabungsgeländes zu dessen Eingang zurück, sind rechts der Straße die Reste des *römischen Odeons* zu sehen, eines überdachten Musiktheaters. Unterhalb schließen sich die Ränge des großen *Theaters* an, das über 15 000 Zuschauern Platz bot. *Tgl. 8–19.30, im Winter bis 17 Uhr, Eintritt inkl. Museum 6 Euro*

MUSEEN

Archäologisches Museum

Besonders interessant sind die zahlreichen Vasen im zweiten der drei Säle. Die Übernahme orientalischer Formen und Motive im 7. Jh. v. Chr. ist gut zu erkennen. Typisch sind die Darstellung von Tieren und Fabelwesen und die Füllung der Zwischenräume mit Ornamenten wie Blatt- und Klecksrosetten in der Zeit um 600 v. Chr. Schön sind auch die römischen Fußbodenmosaike an den Wänden des dritten Saals (1./2. Jh. n. Chr.). *Im Ausgrabungsgelände von Alt-Korinth, Öffnungszeiten wie Alt-Korinth*

Historisch-Volkskundliches Museum

Insider Tip

Modern gestaltete Präsentation von Trachten, Kunsthandwerk und Wohnformen. *Neu-Korinth, Odós Ermú (Platz am Hafen), Di–So 8.30 bis 13.30 Uhr, Eintritt 2 Euro*

ESSEN & TRINKEN

Gémelos

Mit zahlreichen alten Waffen und Ziegenglocken dekorierte Taverne. Freundlicher Service, ausgezeichnetes *gýros. Alt-Korinth, Dorfplatz, €*

Marínos

Gute Taverne mit Aussichtsterrasse. *Alt-Korinth, Platía, €€*

Néon

Modernes SB-Restaurant mit großer Auswahl auch an Desserts und Kuchen. Schöner Hafenblick. *Odós Ethnikís Antistásis 2 (Platz am Hafen), Mo bis Sa 8–3 Uhr, €*

Tasos

Einfache, schattige Taverne mit exzellenter Hausmannskost in Alt-Korinth. *Nahe der Platía an der Dorfstraße nach Korinth, €*

EINKAUFEN

Exekías

Aus dem Rahmen fällt dieses Atelier, dessen Eigentümer oft vor der Treppe seiner Werkstatt sitzt und antike Vasen korinthischen Stils kopiert. *Platía von Alt-Korinth*

ÜBERNACHTEN

Die Hotels in der modernen Stadt liegen an verkehrsreichen Hauptstraßen. Besser wohnt man in den kleinen Pensionen in Alt-Korinth.

Marínos

Einfache, klimatisierte Zimmer über einer Taverne. Mit prächtigem Garten. *20 Zi., an der Straße nach Árgos, Tel. 24 71 03 12 09, Fax 24 71 03 19 94, marinosrooms@acn.gr, €€*

Shadow-Skía

Moderne, sehr saubere Pension mit 14 Zimmern und freundlichem, gut Englisch sprechendem Wirt. *Am Ortsausgang an der beschilderten Straße von der Platía nach Korinth, 1 km von den Ausgrabungen, Tel. 27 41 03 14 81, €*

STRÄNDE

Das Wasser ist sowohl im Korinthischen als auch im Saronischen Golf stark verschmutzt; die Strände sind schmal und überfüllt.

AM ABEND

Das Leben der Korinther konzentriert sich am Abend auf die Platía am Meer. In Alt-Korinth sitzt man auf der Terrasse des *Themis Place* an der Platía mit schönem Panoramablick.

ZIELE IN DER UMGEBUNG

Isthmía [116 C3]

Vom alten Poseidon-Heiligtum in Isthmía mit dem Theater und dem Stadion, in dem seit 582 v. Chr. al-

Korinthen

Eine kleine Rosinenkunde

Die sehr kleinen, dunklen und kernlosen Rosinen, die nach der gleichnamigen Stadt benannt sind, werden heute vor allem in Messenien angebaut und über Kalamáta verschifft. In der Gegend um Korinth produziert man heute hingegen überwiegend Sultaninen, die ebenfalls kernlos, aber deutlich größer und heller sind.

le zwei Jahre die Isthmischen Spiele stattfanden, ist nichts Nennenswertes mehr zu sehen. Für Kunstinteressierte lohnt die Fahrt (knapp 10 km von Korinth) wegen des *Museums (ab Kanal von Korinth ausgeschildert, zzt. wegen Renovierung geschl., Tel. 27 41 03 72 44)*: Hier sind mehrere gut erhaltene Darstellungen aus in Gips eingelegten, farbigen Glasplättchen und Steinen zu sehen, die als Wandschmuck gedacht waren und wie Gemälde wirken. Sie zeigen eine farbenfrohe Nillandschaft, eine Küstenlandschaft mit Schiffen, Tempeln und Häusern, Plato und Homer.

Kanal von Korinth **[116 C3]**

★ Wer den Peloponnes auf dem Landweg ansteuert, muss den Kanal von Korinth auf der Eisenbahn- oder Straßenbrücke überqueren. Beide überspannen die 6 km lange Wasserstraße in 45 m Höhe. An der Wasseroberfläche ist der 8 m tiefe Kanal gut 24, am Kanalbett 21 m schmal. Die Felswände an seinem Rand steigen bis zu 76 m hoch auf. Der Kanal verbindet seit 1893 den Saronischen mit dem Korinthischen Golf und erspart Schiffen auf dem Weg vom Ägäischen ins Ionische Meer oder umgekehrt eine Tagesreise um den Peloponnes.

Schon in der Antike dachte man über einen Kanalbau nach, der römische Kaiser Nero vollzog sogar den ersten Spatenstich. Die Arbeiten wurden aber bald wieder eingestellt. Stattdessen wurden die Schiffe weiterhin über einen *diolkos* genannten, gepflasterten Weg vom Saronischen in den Korinthischen Golf gezogen.

Auf der Südseite des Kanals wird die Straße nach Korinth von zahlreichen Restaurants gesäumt, deren Spezialität kleine Fleischspieße sind. Ebenso interessant ist es, sich im *Café Isthmía (2 km von der Kanalbrücke, nach der Brücke dem Wegweiser nach links Richtung Isthmía folgen)* an der östlichen Kanaleinfahrt niederzulassen: Hier kommen die großen Schiffe so nah vorbei, dass man meint, sie berühren zu können. Hier starten auch mehrmals wöchentlich Dampferfahrten durch den Kanal *(Auskunft über Termine Tel. 27 41 03 08 80 und 69 42 01 36 85, je nach Saison ab 15 Euro)*. Ins Tip

Neméa **[116 A–B 3–4]**

★ Das moderne, vom Ortsbild her eher reizlose Neméa 30 km von Korinth ist ein bedeutendes Weindorf. Nemeische Weine werden an zahlreichen Ständen an der Landstraße zwischen Korinth und Mykene verkauft, und in Neméa findet am letzten Augustwochenende ein Weinfest statt.

Am Rand des Dorfes *Archéa Neméa (ausgeschildert mit Ancient Neméa, 5 km vor Neméa an der Straße von Korinth)* stehen die sehenswerten Überreste eines antiken Zeus-Tempels. Vorbildlich gestaltet ist das *Museum*, das man am besten zuerst besucht. Mehrere Modelle des Heiligtums sowie bemalte Architekturfragmente und die Teilrekonstruktion des Tempeldachs erleichtern eine Vorstellung vom einstigen Aussehen Alt-Neméas. In der Antike fanden in Neméa jeweils ein Jahr vor den Olympischen Spielen panhellenische Wettkämpfe statt.

Das antike Stadion wurde mittlerweile hervorragend restauriert, sodass man hier einen viel besseren

Eindruck seines einstigen Aussehens gewinnt als etwa im wesentlich bekannteren Olympia. Zusätzlich steht ein schönes Modell des antiken Stadions im Museum. *Ausgrabungen tgl. 8.30–15 Uhr, Eintritt 3 Euro, Museum Di–So 8.30 bis 15 Uhr, Eintritt 3 Euro, Kombiticket Museum und Ausgrabungen 4 Euro*

Sikyon **[116 B3]**
Archäologisch besonders Interessierte finden 22 km nordwestlich von Korinth am oberen Rand des heutigen Dorfes *Vassilikó* die spärlichen, zumeist aus dem 3. Jh. v. Chr. stammenden Überreste der antiken Stadt Sikyon. Zu sehen sind die Grundmauern eines Tempels und eines Gymnasions, von dem noch zwei Säulen aufrecht stehen, sowie die unteren Sitzreihen des Theaters. *Zufahrt von der Küstenstraße Korinth–Patras aus, im Ort Kiáto aus Richtung Korinth ausgeschildert, tgl. 8.30–15 Uhr, Eintritt frei*

Stimfalía (Stymfalos) **[116 A3]**
Eine antike Sage erzählt von den Stymphalischen Vögeln: Diese Menschen fressenden, übel riechenden Riesenvögel hatten eiserne Federn, die sie wie Pfeile abschießen konnten. Sie zu töten war die fünfte der zwölf Aufgaben des Herakles.

Heute ist der Stymphalische See ein Naturparadies. Er liegt rund 60 km westlich von Korinth in 590 m Höhe auf einer Hochebene und hat keinen überirdischen Abfluss. Am Ortsausgang Richtung Kastanéa liegen links die eindrucksvollen Ruinen eines Zisterzienserklosters aus dem 13. Jh.

Zwischen den Ruinen, dem See und dem von hier schon gut zu erkennenden Akrópolis-Hügel legen kanadische Archäologen die Überreste einer Stadt aus dem 4. Jh. v. Chr. frei. Übernachten können Sie

Am Ortsrand von Stimfalía liegt die Ruine des Zisterzienserklosters

Griechenlands Tor zur Welt: Blick auf den Fährhafen von Patras

im einfachen *Hotel Stymphalia (9 Zi., Tel. 27 95 02 20 72, €).*

PATRAS (PATRÄ)

Karte in der hinteren Umschlagklappe

[114 C1] Patras (164 000 Ew.), 2006 Kulturhauptstadt Europas, ist Griechenlands wichtigster Hafen im Fährverkehr mit Italien und die größte Stadt des Peloponnes. Vor der Kulisse des 1926 m hohen Panachaikógebirges breitet sie sich im Angesicht des griechischen Festlands über viele Kilometer entlang des Meers und an den Hängen mehrerer Hügel aus. Weniger schön als die Lage ist allerdings das ständige Verkehrschaos in den engen Straßen der Stadt. Wer nicht wegen eines Kulturevents kommt, übernachtet deshalb besser anderswo und widmet Patras nur ein paar Stunden.

Am besten bummelt man nach einem Besuch in der sehr effizienten Touristinformation am klassizistischen Bahnhof vorüber und am Hafen entlang zur Kathedrale und zum Leuchtturm. Dann steigt man über die *Platía Alónia* zum Odeon und zur Akropolis hinauf. Der Rückweg erfolgt über die stufenreiche Gasse *Gerokostopúlu* zur *Platía Vas. Georgíu A'* und zurück zum Hafen.

SEHENSWERTES

Achaia Clauss **[O]**

Die Weinkellerei, eine der größten und ältesten des Landes, wurde von deutschen Einwanderern gegründet, die mit König Otto I. nach Griechenland kamen. *Am Stadtrand, Bus 7 ab Touristinfo, tgl. 11 bis 19 Uhr, www.clauss.gr*

Akrópolis **[U D–E 4–5]**

An der Stelle der antiken Akrópolis erstreckt sich heute ein schöner Park mit den Überresten einer mittelalterlichen Burg. Reizvoll ist der Blick auf Stadt und Hafen. *Burg Di–Fr 8–17, Sa/So 8–15 Uhr, Eintritt frei*

Kathedrale Ágios Andréas **[U A6]**
Die größte Kirche der Balkanhalbinsel birgt als Reliquie den Schädel des Apostels Andreas. *Odós Agíou Andréou 199, tgl. 8–11 und 16.30 bis 19.30 Uhr*

Odeion **[U C–D5]**
Kleines Theater aus römischer Zeit. *Odós Germanoú, April–Okt. Di–So 8–19.30, Nov.–März 8.30–15 Uhr*

MUSEUM

Archäologisches Museum **[U C3]**
Römische Statuen, mykenische Keramik. *Platía Olgas, Di–So 8.30 bis 15 Uhr, Eintritt frei*

ESSEN & TRINKEN

Insider Tipp **Ángyra** **[U A5]**
Fischtaverne am Fischereihafen der Stadt. Wenig romantische Lage, aber Fisch und Schaltiere sind stets frisch und – im Vergleich zu anderen Fischtavernen – relativ günstig. *Ichtyoskála (Fischereihafen/Ecke Großparkplatz vor der Kathedrale Ágios Andréas), €€€*

Insider Tipp **Fáros** **[U A5]**
Schöner als in diesem Café am Leuchtturm beim Fischerhafen sitzen Sie in Patras zu keiner Tages- und Nachtzeit. €€

EINKAUFEN

Die Haupteinkaufsstraßen von Patras sind *Ríga Feréu, Mezónos* und *Korínthu* zwischen *Platía Ólgas* und *Platía Georgíu.*

ÜBERNACHTEN

Galaxy **[U C4]** Insider Tipp
Zentral gelegen nahe zum Hafen und zum Bahnhof, relativ ruhig und sehr freundlich. Eine Bar und ein Restaurant sind im Haus. *53 Zi., Odós Agíu Nikoláu 9 (Fußgängerzone), Tel. 26 10 27 59 81, Fax 26 10 27 88 15, €€*

Plimarólia Art Hotel **[U B4]**
Das Hotel in einer Villa aus den 1930er-Jahren zählt zu den besten Griechenlands. Designermöbel und zeitgenössische Originalkunstwerke prägen seinen Charakter. *14 Zi., Odós Othónos Amalías 33, Tel. 26 10 62 49 00, Fax 26 10 62 35 59, www.arthotel.gr, €€€*

STRÄNDE

Die Stadtstrände sind völlig unattraktiv und meist stark verschmutzt. Wer unbedingt in Stadtnähe baden will, fährt besser ins gut 20 km entfernte *Niforéika* **[114 B2]**.

AM ABEND

Treffpunkte sind die Straßencafés auf den beiden großen Hauptplätzen und an der stufenreichen *Odós Gerokostopúlu* **[U C5]**.

AUSKUNFT

Städtische Tourist-Information **[U C2]**
Sehr hilfsbereit, sieben Tage die Woche bis 22 Uhr geöffnet und außerdem kostenloser Fahrradverleih. Das Programm zur Kulturhaupt-

stadt 2006 finden Sie auf der Website *www.patra2006.gr. Odós Othónos-Amalías 6, Tel. 26 10 46 17 40, Fax 26 10 46 17 91, www.infocenterpatras.gr*

ZIELE IN DER UMGEBUNG

Diakoptó und Vuraíkosschlucht **[115 D–E2]**

Das vor schöner Bergkulisse 55 km östlich am Korinthischen Golf gelegene Dorf hat nur eine Attraktion: seinen Bahnhof. Von hier startet vier- bis sechsmal täglich die aus zwei kleinen Waggons und einem Motortrailer bestehende Bahn zu ihrer 22 km langen, 68 Minuten dauernden ★ *Zahnradbahnfahrt (Rückfahrkarte 6,80 Euro)* über *Méga Spíleon (von der Station der Zahnradbahn aus ca. 40 Minuten Gehzeit)* ins 735 m hoch gelegene *Kalávrita.*

Bis 1959 waren Dampflokomotiven im Einsatz. Zurzeit ist eine Modernisierung von Gleisen und Wagenpark im Gang. Die Spurweite beträgt nur 75 cm; auf dem steilsten Stück zwischen Kilometer 8 und Méga Spíleon klettert der Zug auf jeweils 7 m um 1 m. Die Fahrt führt durch die wilde, durch keinen anderen Weg erschlossene *Schlucht des Vuraíkos,* der Zug überquert den Fluss ein Dutzend Mal.

In Bahnhofsnähe steht das gepflegte und ruhig gelegene *Hotel Chris-Paul (27 Zi., Weg ausgeschildert, unbedingt reservieren, Tel. 26 91 04 17 15, Fax 26 91 04 21 28, www.chrispaul-hotel.gr, €€)* mit Swimmingpool. Insider Tipp

Kalávrita **[115 D2]**

Die Kleinstadt Kalávrita (1750 Ew.) liegt 75 km südöstlich von Patras auf 735 m Höhe am Rand eines Gebirgstals in einer äußerst friedlich wirkenden Umgebung. Zu sehen gibt es jedoch Denkmäler, die an Krieg und Mord erinnern. Im 7 km außerhalb gelegenen *Kloster Agía Lávra (tgl. 9.30–13.30, 16–17 und 18–19.30 Uhr)* rief Bischof Germanos von Patras am 25. März 1821 zum acht Jahre später erfolgreichen Befreiungskampf gegen die Türken auf; die alte Klosterkirche ist dadurch zu einem Nationaldenkmal geworden.

Am Stadtrand von Kalávrita erinnert eine eindrucksvolle Gedenkstätte an den 13. Dezember 1943: Partisanen hatten 78 deutsche Soldaten gefangen genommen und später ermordet. Daraufhin brannten deutsche Truppen 25 Dörfer in der Region nieder und trieben am 13. Dezember alle männlichen Bewohner Kalávritas, die älter als 14 Jahre waren, zusammen, um sie zu erschießen. Die Angaben über die Zahl der Opfer schwanken zwischen 696 und 1200.

Heute ist Kalávrita ein bei Griechen beliebter Sommerferien-, vor allem aber Wintersportort. Hauptsaison ist von Ende Oktober bis Mitte Mai. Nahe der Platía isst man in der großen *Taverne Stáni (Sommer €, Winter €€),* wo im Winter auch Wildschwein- und Hirschbraten serviert werden. Modern und ruhig wohnen Sie im *Hotel Kynaítha (12 Zi., Tel. 26 92 02 26 09, Fax 26 92 02 45 68, www.kynaitha.gr, €€).* Insider Tipp

Ein lohnender Ausflug führt zur 17 km südlich gelegenen *Tropfsteinhöhle Spíleo ton Limnón (tgl. 9.30–16.30 Uhr, im Hochsommer und an Feiertagen länger, Eintritt 8 Euro),* die auf 500 m Länge begehbar ist. Die Stalaktiten unter der bis Insider Tipp zu 30 m hohen Decke spiegeln sich in 13 kleinen Seen, die durch Bäche und Wasserfälle verbunden sind. Einige von ihnen trocknen im Sommer aus.

Kalógria **[114 B2]**

★ Einen der schönsten Küstenstriche des Peloponnes finden Sie zwischen Kunupélli und dem gut 40 km westlich von Patras gelegenen Kalógria. Der kilometerlange Sandstrand wird von Dünen gesäumt, Salz- und Süßwassersümpfe sowie der im Sommer austrocknende Prókopossee prägen das Hinterland. Ein lichter Küstenwald aus Aleppokiefern, Schirmpinien und Walloneneichen wird von kleinen Wegen durchzogen, die zum Wandern einladen; an den Sümpfen und Gewässern leben Grau- und Seidenreiher.

Das beste der wenigen Hotels im Ort ist das *Amalía (12 Apartments, Tel. 26 93 03 17 62, Fax 26 93 93 10 00, €€)*. Preiswerter sind die *Rooms Strofília (8 Zi., Tel. 26 93 03 17 80, €)*.

Wie mit dem Fels verwachsen: Kloster Méga Spíleon

Kloster Méga Spíleon **[115 D2]**

★ An der Straße von Diakoptó nach Kalávrita steht 65 km südöstlich wie mit dem dahinter aufragenden Fels verwachsen in 940 m Höhe das siebenstöckige Mönchskloster *Große Höhle*. Der Name bezieht sich auf eine Grotte im Klosterkomplex, in der die Klostergründer der Legende nach 840 eine wundertätige Marienikone fanden. 1943 wurde das Kloster von deutschen Truppen zerstört; die heutigen Bauten stammen nahezu alle aus der Nachkriegszeit.

Im Klostermuseum sind ein byzantinisches Notenbuch aus dem 18. Jh., ein aus Goldfäden in elfjähriger Arbeit geschaffenes, etwa 400 Jahre altes Kreuz und eine illuminierte Bildhandschrift auf Pergament aus dem 12. Jh. sehenswert. *Tgl. Sonnenauf- bis -untergang, Eintritt Museum 1 Euro*

Ríon **[114 C1]**

Ríon liegt 10 km nördlich von Patras an der engsten Stelle zwischen dem Peloponnes und dem Festland. Seit dem Sommer 2004 überspannt hier eine bildschöne, 2883 m lange *Hängebrücke (Maut 10 Euro/PKW)* den Golf. Außerdem pendeln hier Autofähren über die Meerenge. Am Fährhafen steht eine kleine venezianisch-türkische Festung.

Land der Mythen und Sagen

Naturwunder und antike Stätten, Strände und Inseln liegen dicht beieinander

Die Argolis ist besonders reich an archäologischen Stätten und historischen Orten. Ihre größte Stadt ist Árgos; schönste Stadt und touristisches Zentrum aber ist Nauplia. Die Landschaft der Argolis bezaubert durch ihre Sanftheit, durch Orangen- und Zitronenhaine, Obstbaumplantagen und Olivenhaine. Entlang des Saronischen Golfs finden Sie aber auch eindrucksvolle Küstenszenerien mit Steilküsten und einer Vielzahl in weite Buchten vorspringender Halbinseln. Der Argolis vorgelagert sind mehrere Inseln, die Sie auf Tagesausflügen kennen lernen können.

Die Argolis ist das Kernland der ersten Hochkultur auf dem europäischen Festland, der mykenischen Kultur. Mykene und Tiryns waren im 2. Jahrtausend v. Chr. die trutzigsten Burgen Griechenlands. Mit der Einwanderung der Dorer um 1100 v. Chr. verlagerte sich das Machtzentrum der Region nach Árgos. In der Zeit der klassischen Antike war Epidauros eine besonders bedeutende Kultstätte und eines der berühmtesten Heilbäder Griechenlands. Später siedelten hier Franken und Byzantiner.

Die Nähe zu Athen führt auch im Winter täglich Hunderte von Ausflüglern in die Argolis. Abseits der historischen Stätten gibt es in der Region aber auch manchen Badeort und weit gehend unberührte Naturschönheiten zu entdecken, sodass man hier auch gut einen ganzen Urlaub verbringen kann.

Mit kleinen Booten setzt man über auf die Festungsinsel Búrtsi in der Bucht von Nauplia

NAUPLIA

Karte auf Seite 120

[116 B5] Nauplia (13 800 Ew.), auf Neugriechisch *Náfplio,* liegt am inneren Ende des Argolischen Golfs. Das offene Meer ist von hier aus nicht zu sehen; man fühlt sich wie an einem großen Binnensee. Über Nauplia ragen zwei Hügel auf, die beide von ausgedehnten Burganlagen bekrönt sind. Zwischen den Burgbergen und dem Hafen erstreckt sich die historische ★ Altstadt, deren wichtigste Gassen autofrei sind. Viele Gebäude erinnern daran, dass Nauplia von 1823 bis 1834 Hauptstadt Griechenlands war. Moscheen und türkische Brunnen zeugen von der Türkenherrschaft.

Beim Bummel über die Hafenpromenade Aktí Miaúlis in Nauplia

Die Türken hatten Nauplia 1540 den Venezianern abgerungen, die die Stadt unter ihrem Feldherrn Francesco Morosini 1686 noch einmal zurückerobern konnten. Aber schon 1715 kam Nauplia nach nur achttägiger Belagerung wieder in türkische Hand, aus der es griechische Freischärler dann im Dezember 1822 als eine der ersten griechischen Städte befreiten.

Zentrum der Altstadt ist die *Platía Sindagmátos.* Gleich dahinter verläuft die *Odós Staikópulu* mit ihren zahlreichen Tavernen und guten Souvenirgeschäften. Hier herrscht auch an Winterwochenenden immer ein reges Treiben, denn Nauplia ist als Wochenendreiseziel bei jüngeren Athenern sehr beliebt.

Parkplätze sind in der Altstadt knapp. Deshalb stellen Sie Ihr Fahrzeug am besten am Hafen ab. Wer ohne Fahrzeug unterwegs ist, findet von Nauplia aus gute Busverbindungen zu nahezu allen Sehenswürdigkeiten der Argolis.

Insider Tipp

SEHENSWERTES

Festung Akronauplia

Die Festung auf dem niedrigeren der beiden Nauplia überragenden Felsen ist mit dem Auto, aber auch mit einem Fahrstuhl zu erreichen: Teile der Festung werden nämlich heute als Hotel genutzt. Reizvoll ist deswegen nur noch der Blick hinunter auf die Stadt. Auf der Uferstraße kann man die Festung umrunden. *Frei zugänglich*

Festung Búrtsi

Die kleine Burg auf einem Inselchen dicht vor Nauplias Hafen wirkt von weitem wie ein versteinertes Schiff. Die Venezianer erbauten sie um 1700. Sie spannten nachts von Búrtsi eine eiserne Kette hinüber nach Nauplia, um den

Hafen abzusperren. *Boote ab Hafen nach Bedarf, Rückfahrticket 6 Euro*

Festung Palamídi

Weithin sichtbar überragt die venezianische Festung Palamídi aus dem frühen 18. Jh. auf einem 220 m hohen Berg die Stadt und die ältere Festung Akronauplia. Die Venezianer wussten, warum sie den Fels befestigten: Von hier aus hatten sie 1686 die Türken auf Akronauplia erfolgreich beschossen und zur Übergabe gezwungen. Benannt ist die Festung nach Palamides, einer Gestalt aus Homers Epos »Ilias«. Er galt als Erfinder der Buchstaben, der Maßeinheiten, des Rechnens und der Würfelspiele. Man erreicht die Festung, die als stärkste Griechenlands gilt, über 850 schweißtreibende Stufen oder über eine 3 km lange Asphaltstraße. *Tgl. 8 bis 18.30, Winter 8–14.30 Uhr, Eintritt 4 Euro*

Kirche Ágios Spirídonos

Die kleine Kirche oberhalb des östlichen Endes der Odós Staikópulu, 1702 erbaut, war 1831 Schauplatz eines politischen Attentats. Ein Maniote erschoss hier den griechischen Ministerpräsidenten Jánnis Kapodístrias beim Kirchgang. Die Spur der Pistolenkugel ist rechts neben dem oberen Eingang hinter einer kleinen Glasplatte noch zu sehen. *Frei zugänglich*

Moscheen

Am Hauptplatz der Altstadt stehen zwei leicht an ihren Kuppeln zu erkennende Moscheen. Eine von ihnen, die heute als Kino und Theater dient, beherbergte im 19. Jh. eine der ersten Schulen Griechenlands. Die andere, die mit Finanzhilfe der Europäischen Union restauriert wurde, war von 1825 bis 1828 Versammlungsort des griechischen Parlaments.

MUSEEN

Archäologisches Museum

Die Sammlungen im Obergeschoss einer 1713 erbauten venezianischen Kaserne präsentieren vor al-

MARCO POLO Highlights »Argolis«

★ **Altstadt**
Griechenlands erste Hauptstadt Nauplia hat viel Atmosphäre (Seite 39)

★ **Theater von Epidauros**
Besterhaltenes antikes Theater Griechenlands (Seite 45)

★ **Iréo**
Ausgrabungen in großer Einsamkeit (Seite 48)

★ **Burg von Mykene**
Zentrum der ersten Hochkultur auf dem europäischen Festland vor mehr als 3000 Jahren (Seite 50)

★ **Dídima**
Die Karstdolinen im Hochtal von Dídima sind eine einmalige Natursehenswürdigkeit (Seite 44)

lem Funde aus mykenischer Zeit. Gleich links vom Eingang sieht man die Reste einer mykenischen Wandmalerei. Am Saalende zeigen ein mykenischer Helm aus Eberzähnen und eine bronzene Rüstung, was vornehme Krieger Ende des 15. Jhs. trugen. *Platía Sindagmátos, zzt. wegen Restaurierung geschl., Tel. 27 52 02 75 02*

Kombolói-Museum

Kleines Privatmuseum, in dem wertvolle *kombolóia* aus den Jahren 1750 bis 1950 zu sehen sind. Verkauf authentischer Kopien von Museumsstücken. *Odós Staikópulu 25, Mo und Mi–Fr 10–20.30, Sa/So 10 bis 21.30 Uhr, Eintritt 1,50 Euro*

Militärmuseum

Das Museum dokumentiert ausführlich Griechenlands kriegerische Vergangenheit der letzten 170 Jahre. Beeindruckend ist die umfangreiche Sammlung von Fotos aus deutscher Besatzungszeit. Ein besonders schockierendes Bild zeigt 16 von Bulgaren in Makedonien gehängte Zivilisten. *Odós Terzáki/Ecke Leofóros Amalías, Di–Sa 9 bis 14, So 9.30–14 Uhr, Eintritt frei*

Volkskundliches Museum

Das Museum präsentiert ansprechend Gerätschaften, kunsthandwerkliche Erzeugnisse und Trachten aus den letzten 200 Jahren. *Vas. Alexándru 1, März–Jan. Mi–Mo 9 bis 15 Uhr, Eintritt frei*

ESSEN & TRINKEN

Insider Tipp

Aiólos

Große Auswahl an guten kleinen Vorspeisen; Wirt Vangélis spricht Deutsch. *Odós Vas. Ólgas 30, €€*

Aktaíon

Cafékonditorei an der Uferstraße, die sich um die Bewahrung eines historischen Ambiente bemüht. Stuckdecke und Fliesen stammen aus dem Baujahr 1911, die Wandspiegel sind Werke aus dem Jahr 1882. Gute griechische Kuchen. *Aktí Miaúlis 3*

Christóforos

Einfache, aber gute Fischtaverne mit täglich frischen Angeboten. *Odós Staikópulu 26, €€€*

O Vasílis

Gepflegte Taverne mit großer Auswahl griechischer Spezialitäten (auch solcher, die sonst selten angeboten werden!). *Odós Staikópulu 22, €€*

EINKAUFEN

Camara

Antiquitäten und vom Goldschmiedepaar selbst entworfener Schmuck. *Odós Spiliádu 3*

To Enótion

Von zwei jungen Leuten im Laden handgearbeitete Schattenspielfiguren. *Odós Staikópulu 40*

ÜBERNACHTEN

Athéaton

Neun ganz unterschiedlich ausgestattete und deswegen auch unterschiedlich teure Zimmer um einen Innenhof im Obergeschoss eines historischen Hauses und in einer unmittelbar benachbarten Villa. Preis inklusive Frühstück zur Selbstzubereitung. *Odós Angélu Zerzáki 31, Tel./Fax 27 52 02 15 57, atheaton@mail.gr, €–€€*

Insider Tipp **Byron**
Stilvolles Hotel unter schweizerisch-griechischer Leitung, ruhig, aber im Herzen der Altstadt gelegen. Vier der 18 geschmackvoll eingerichteten Zimmer haben einen Balkon. *Odós Platónos 2 (an den Stufen oberhalb der Spirídonos-Kirche), Tel. 27 52 02 23 51, Fax 27 52 02 63 38, www.byronhotel.gr,* €€–€€€

Insider Tipp **Ílion**
Zehn thematisch nach griechischen Mythen ausgestaltete Suiten in einem 300 Jahre alten Haus gegenüber der Kirche Ágios Spirídonos; alle Suiten mit Whirlpool, teilweise mit Himmelbett, 24-Stunden-Zimmerservice. *Odós Kapodístriou 6, Tel. 27 52 02 51 14, Fax 27 52 02 44 97, www.yadeshotels.gr,* €€€

King Othon
Gepflegtes, teilweise mit Antiquitäten eingerichtetes Altstadthotel in zwei historischen Häusern. *31 Zi., Odós Farmakopúlu 4, Tel. 27 52 02 75 85, Fax 27 52 02 75 95, www.kingothon.gr,* €€€

FREIZEIT & SPORT

Bootsausflüge, etwa zur Insel Ydra und nach Monemvassía in Lakonien, bietet *Pegasus Cruises (Tel. 27 52 05 94 30, www.pegasus-cruises.gr)* an.

STRÄNDE

Auf der Südseite der Altstadt liegt unter der Festung Akronauplia der organisierte Badestrand *Arvanitiá Beach,* 4 km südlich der Stadt badet man am *Karathónas Beach.*

AM ABEND

Kleinkunst, Theater und Kino werden in einer der beiden ehemaligen Moscheen am Hauptplatz, der *Platía Sindagmátos,* geboten. Die Jugend der Stadt trifft sich abends in den benachbarten Musikcafés *Pórto* und *Emploús (Odós Bubulínas/Ecke Odós Antipliárchu Ath. Sióku).* Originellste Bar für jedes Alter ist die *Láthos Bar* nahe dem Hauptplatz *(Odós Vas. Konstantínu 1, Di geschl.).* Hier bewegt sich dank der Bastelfreudigkeit des Wirts fast die gesamte Dekoration; man wähnt sich eher in einem Kuriositätenladen als in einem Lokal. Insider Tipp

AUSKUNFT

Platía Iatroú/Odós 25is Martíou (gegenüber vom Telefonamt OTE), Tel. 27 52 02 44 44, www.nafplio.gr

ZIELE IN DER UMGEBUNG

Árgos **[116 B4]**
Árgos (24 300 Ew.) liegt nördlich des Argolischen Golfs 12 km nordwestlich von Nauplia am Fuß eines steil aufragenden Hügels etwa 6 km vom Meer entfernt. Die interessanten *Ausgrabungen (Di–So 8.30–15 Uhr, Eintritt 2 Euro, Kombiticket mit Museum 3 Euro)* der antiken Stadt finden Sie unmittelbar an der Straße vom Stadtzentrum in Richtung Trípoli. Man betritt zunächst die *römischen Thermen,* von denen einige Mauerreste noch in beträchtlicher Höhe erhalten sind. Zu erkennen sind Warm- und Kaltbäder und die für römische Warmbäder typische Heizanlage: Aus einer mit Holz befeuerten Heizkammer strömte Warmluft unter die Fußböden, die

auf kurzen Pfeilern aus Ziegelsteinen ruhten, und stieg dann durch Tonröhren die Wände empor. In den Hang westlich der Thermen ist das leider nicht sehr gut erhaltene *Theater* eingeschnitten. Mit seinen 81 Sitzreihen war es einst das größte Griechenlands. Geht man am Fuß des Hangs nach Süden, erreicht man nach etwa 150 m ein kleines Theater, das *Odeon*. Es war überdacht und diente für Musikdarbietungen, aber auch als Versammlungsstätte der Bürger.

Im Stadtzentrum lohnt das *Archäologische Museum (Odós Ólgas, Di–So 8.30–15 Uhr, Eintritt 2 Euro, Kombiticket mit Ausgrabungen 3 Euro)* für Studienreisende einen Besuch. Es besitzt u. a. schöne Vasen aus mykenischer und geometrischer Zeit sowie einen vollständig erhaltenen Helm und Brustpanzer aus dem 8. Jh. v. Chr. Aus der gleichen Zeit stammen auch zwei Halterungen für Fleischspieße in der Form von Kriegsschiffen. Die farbigen Mosaike im Hof des Museums sind spätrömischer Herkunft. Das Museum liegt nahe der großen *Platía Stratónon*, auf der jeden Samstagmorgen ein großer Wochenmarkt stattfindet. An der Platía stehen die klassizistische *Markthalle* aus dem 19. Jh. und eine *Kavalleriekaserne* aus der Zeit um 1830.

Lohnend ist auch die Fahrt auf den weithin sichtbaren, 289 m hohen *Burgberg Lárissa* mit den Ruinen einer byzantinisch-venezianisch-türkischen *Festung (Di–So 8.30–15 Uhr, Eintritt frei)*. Die Zufahrtsstraße führt am Nordhang des Bergs entlang und passiert die ausgeschilderten, frei zugänglichen Ausgrabungen eines *Heiligtums* für Apollo Deiradiotes und Athena Oxyderkis, das in einem schönen Kiefernwald mit Café liegt. Eine Stichstraße zweigt 800 m vor dem Gipfel zum Frauenkloster *Génesis tu Christú (tgl. 8–12 und 15–17 Uhr)* ab, das Christi Geburt geweiht ist. Ein zweites Frauenkloster, *Agía Marína (tgl. 8–12 und 15–17 Uhr)*, liegt unmittelbar unterhalb der Burg.

Assíni [116 B5]

Das 9 km östlich gelegene Dorf trägt den Namen einer antiken Stadt, deren spärliche Überreste genau dort zu finden sind, wo die Hauptstraße die Küste erreicht. In mykenischer Zeit war Assíni der wichtigste Hafen der Argolis. Wandert man über den Fels, stößt man an vielen Stellen auf Steine der hellenistischen Stadtmauer. In den Mandarinenhainen von Assíni versteckt liegt an der Straße nach Drépanon die auch für Langzeiturlauber im Winter bestens geeignete *Bungalowanlage Ingrid (Tel. 27 52 05 97 47, Fax 27 52 05 98 71, €€, im Winter Ermäßigung bis zu 65 Prozent, www.bungalows-ingrid.com)* mit zehn beheizbaren Häusern. Wirtin Ingrid stammt aus Köln. Sonnenliegen und Mountainbikes stehen den Gästen kostenlos zur Verfügung; zum nächsten Strand sind es zu Fuß etwa 4 Minuten.

Dídima [116 C5]

★ Eine Natursehenswürdigkeit ersten Ranges erwartet Reisende 60 km südöstlich 500 m abseits der Asphaltstraße im Hochtal von Dídima. Ein Wegweiser führt auf gutem Feldweg zu den *Spílea Didimón*. Am verkarsteten Berghang voraus ist im graugrünen Fels schon deutlich ein brauner Krater auszumachen. Man gelangt an einen Draht-

Eine der weißen Kapellen an den Dolinen von Dídima

zaun: Hier muss man halten. Jenseits des nicht überall unüberwindlichen Zauns blickt man plötzlich in einen 40 m tiefen Krater mit mehr als 100 m Durchmesser. In Wirklichkeit ist es kein Krater, sondern eine Doline: eine ehemalige Karsthöhle, deren Decke eingestürzt ist. Der Boden ist von Büschen, Gräsern und Bäumen bewachsen; in die senkrecht abfallenden Wände sind zwei weiße Kapellen gebaut. Eine Treppe führt dort, wo der Feldweg den Zaun erreicht, zu einer dieser Kapellen hinunter, in der Freskenreste aus dem 15. Jh. erhalten sind.

Von dieser ersten Doline aus können Sie zu Fuß noch etwa 400 m weitergehen zur zweiten Doline, die man schon vorher bei der Anfahrt von weitem gesehen hat. Sie ist zwar etwas größer, gleichwohl aber weniger eindrucksvoll als die erste.

Epidauros (Epídavros) [116 C4–5]

Kurorte gab es auf dem Peloponnes schon vor über 2000 Jahren. Epidauros war der berühmteste. Heute noch wirkt ein Rundgang durch die 30 km östlich von Nauplia gelegenen Ausgrabungen, die von der Unesco in die Liste des Welterbes der Menschheit aufgenommen wurden, wie Seelenbalsam. Die Ruinen von Tempeln und Heilschlafhallen sind in einen alten Pinienwald eingebettet, aus dem schlanke Zypressen aufragen; den oberen Rang des Theaters säumt eine Hecke aus Steineichen. Von hier aus schweift der Blick über das kräftige Grün auf lichte Olivenhaine und hohe, extrem helle und kahle Hänge.

Das ★ *Theater von Epidauros* sollten Sie zu Beginn des Rundgangs besuchen. Es wurde im 3. Jh. v. Chr. mit 34 Sitzreihen errichtet und etwa 500 Jahre später auf 55

Sitzreihen für 12 000 Zuschauer erweitert. Alle Sitzreihen sind erhalten, sodass das Theater auch heute noch in jedem Sommer für Aufführungen antiker Stücke genutzt werden kann. Fremdenführer stellen auch zu anderen Zeiten für ihre Gruppen die hervorragende Akustik des Baus unter Beweis: Noch auf der obersten Sitzreihe kann man fallen gelassene Münzen nach dem Klang des Aufpralls unterscheiden, Papier rascheln hören und das Entzünden eines Streichholzes vernehmen.

Am Weg vom Theater ins Ausgrabungsgelände steht das *Museum.* Hier sind die teilweise ergänzten Originalbauteile der *Großen Propyläen* des *Asklípios-* und des *Artemis-Tempels* besonders bemerkenswert. Im Ausgrabungsgelände erleichtern die an mehreren Stellen angebrachten Übersichtspläne die Orientierung. Man sieht das *Katagogion,* einen ursprünglich zweigeschossigen, quadratischen Bau mit über 76 m Seitenlänge. Seine 160 Räume, in denen die Pilger und Kurgäste seit dem 4. Jh. v. Chr. wohnten, gruppierten sich um vier schattige Innenhöfe. Nahezu ebenso groß war das *Gymnasion,* dessen Innenhof von Säulenhallen umgeben war. Hier wurden Ringkämpfe ausgetragen. In römischer Zeit entstand im Innenhof ein noch deutlich sichtbares *Odeon,* also ein kleines Konzerttheater.

Ein rätselhafter Bau ist die auch *Thymlele* genannte *Tholos.* Der Rundtempel aus dem 4. Jh. v. Chr. mit seinen 26 Säulen steht nicht mehr. Aber die drei durch Mauern unterteilten, kreisförmigen Gänge, die einst unter dem Tempel lagen, sind noch deutlich zu erkennen. Man vermutet, dass in ihnen die heiligen Schlangen des Heilgottes Asklipios gehalten wurden.

Nahe der Tholos lag das *Abaton.* Es diente als Heilschlafhalle: Nach dem Vollzug kultischer Riten und

Einer von 12 000 möglichen: Zuschauer im antiken Theater von Epidauros

des obligatorischen Opfers legten sich die Heilung suchenden Kranken hier zum Schlafen nieder. Fast immer erschien ihnen im Traum der Heilgott Asklipios (Äskulap). Priester deuteten diesen Traum und leiteten daraus in Verbindung mit schon recht guten medizinischen Kenntnissen die Therapie ab. Sie konnten sogar Operationen anordnen und von den Ärzten im Heiligtum ausführen lassen. Aber auch Trinkkuren waren üblich.

Über den *Festplatz* des Heiligtums, auf dem in halbkreisförmigen offenen Räumen Weihestatuen standen, gelangt man zu den in einem Wäldchen gelegenen *Großen Propyläen*, dem antiken Prachteingang zur Kultstätte. Einige Meter östlich davon bezeugen die Überreste einer frühchristlichen *Basilika*, dass Epidauros auch noch im 5. Jh. als Kurort genutzt wurde.

Auf dem Rückweg zum Museum überquert man noch einmal den Festplatz. In seiner Nordwestecke stehen die Ziegelsteinmauern römischer Thermen etwa 4 m hoch, während vom Asklipios-Tempel in der Südwestecke des Festplatzes nur Grundmauern erhalten sind. *April–Okt. tgl. 8–19.30, Nov. bis März 8–17 Uhr, Museum Nov. bis März Mo erst ab 12 Uhr, Eintritt für Museum und Ausgrabungen 6 Euro.*

Aufführung antiker Dramen Ende Juni bis Ende August jeweils *Fr und Sa 21 Uhr, Tickets 20–50 Euro, Programm www.hellenicfestival.gr, Kartenvorverkauf an der Theaterkasse Mo–Do 9–14 und 17–20, Fr/Sa 9.30–21.30 Uhr, Reservierung Mo–Fr 8.30–20, Sa 9–14.30 Uhr unter Tel. 21 09 28 29 00, an den Aufführungsabenden Linienbusse um 19 Uhr ab Tolón und Árgos, 19.30 Uhr ab Nauplia).*

Ganzjährig geöffnet ist das *Hotel Ávaton (16 Zi., Tel. 27 53 02 20 59, Fax 27 53 02 33 38, €€)* 1,5 km vom Theater entfernt an der Hauptstraße Ligúrio–Dídima.

Ermióni **[117 D5–6]**

Zahlreiche Tavernen säumen die Uferstraße am geschützten Naturhafen des kleinen Fischerstädtchens 85 km südöstlich. Empfehlenswert ist die Fischtaverne *Spirandréas* (€€). Große Hotelanlagen wie das *Porto Hydra Hotel (279 Zi., Tel. 27 54 04 11 12, Fax 27 54 04 12 95, www.portohydra.gr, €€€)* mit eigener Marina liegen weit außerhalb; im Ort selbst gibt es nur kleine, einfache Hotels. Am ruhigsten liegt das *Nadia (12 Zi., Tel. 27 54 03 11 02, €)* an einer von der Hafenpromenade abzweigenden Straße. Schön ist ein Spaziergang über die an den Ort anschließende, dicht mit Pinien bestandene *Halbinsel Ermionída* mit vielen Parkbänken, kleinen Badebuchten sowie Überresten einer *byzantinischen Stadtmauer* und eines antiken Tempels, der mit einer *Nikólaos-Kapelle* überbaut ist.

Galatás und Póros **[117 D5]**

Galatás liegt 85 km südöstlich wie an einem großen Binnensee unmittelbar der Insel und dem Inselstädtchen *Póros* gegenüber. Der Ort selbst ist reizlos; der nächtliche Straßenlärm an der Uferstraße macht einen Aufenthalt in den drei Hotels unerträglich. Aber es lohnt sich, das Auto in Galatás zu parken und über den nur 250 m schmalen Sund nach Póros überzusetzen. Kleine Motorboote und Autofähren pendeln bis spät in die Nacht hinein ständig hin und her *(0,60 Euro, PKW 4,50 Euro)*. Es ist schön, durch die schmalen, stufenreichen Gassen des Inselstädtchens bis zum weithin sichtbaren *Uhrturm* hinaufzusteigen. Spezialität der lauschigen Taverne *The Garden* (€) mit ihrer schattigen Terrasse mitten im Dorf sind Scampispieße *(prawn kebab)*; wer übernachten will, wohnt zentral und relativ ruhig im Hotel *Seven Brothers (27 Zi., Odós Tombázi 1, Tel. 22 98 02 34 12, €)* unmittelbar oberhalb des Fähranlegers.

Ídra (Ydra) **[117 D6]**
Die kleine, nahezu völlig kahle Insel (2700 Ew.) ist ein Treffpunkt des internationalen Jetsets und der Prominenz aus aller Welt. Das Hafenstädtchen gilt als eines der schönsten der Ägäis. Alte Kapitänshäuser aus dem 19. Jh. stehen am malerischen Hafen und an steilen Hängen. Esel und Maultiere sind in den stufenreichen Gassen noch immer die einzigen Verkehrsmittel. Nach einem Rundgang durch den Ort sitzt man am Hafen, um zu sehen und gesehen zu werden. Zum Sonnenuntergang trifft man sich in der *Café-Bar Sunset* direkt über dem Meer an der Straße nach Kamínia. Ein Restaurant von internationalem Ruf ist das *Bratserá (€€€)* im Zentrum; gute griechische Gerichte werden im *To Pigádi (Odós A. Miaouli, €€)* zubereitet. Nach Ídra kommen Sie per Tragflügel- oder Ausflugsboot von Piräus und vielen Häfen der Argolis aus.

Iréo (Iraion) **[116 B4]**
★ Weitab jeder Ortschaft liegen am Ostrand der argolischen Ebene gut 15 km nördlich die nur selten besuchten, aber durchaus eindrucksvollen und landschaftlich reizvollen Ausgrabungen eines der Zeusgattin Hera geweihten *Heiligtums*. Es erstreckt sich über drei Ebenen. Auf der untersten stehen die Überreste einer *Säulenhalle*. Von hier aus konnten Pilger die große Prozession beobachten, die alljährlich während des Hera-Festes von Árgos heraufzog. Im benachbarten, quadratischen Gebäude wurde das Festmahl ausgerichtet. Eine breite Treppe führte auf die mittlere Ebene mit dem 420 v. Chr. erbauten *Hera-Tempel*, von dem der Unterbau und eine in den Tempel führende Rampe gut erhalten sind. Die oberste Ebene wird durch eine weithin sichtbare Mauer aus besonders großen Steinen, eine so genannte *Kyklopenmauer*, gestützt. Auf der Mauer stand bis 423 v. Chr. ein dann niedergebrannter hölzerner Hera-Tempel. Das *Heraion* liegt 2 km oberhalb der Straße, die von Agía Trías nach Mykene führt. Am Ortsende des Dorfes *Néo Iréo* ist die Zufahrtsstraße ausgeschildert. *Di–So 8.30–15 Uhr, Eintritt 2 Euro*

Lérna **[116 B5]**
Lérna war nach Neméa in der Nähe Korinths Schauplatz der zweiten der zwölf sagenhaften Heldentaten des Herakles. Hier hatte er es mit einer neunköpfigen Wasserschlange – der Hydra von Lérna – zu tun, die Mensch und Tier verschlang. Für jeden abgeschlagenen Kopf wuchsen ihr zwei neue nach. Herakles musste ganze Wälder anzünden, um ihre Köpfe auszubrennen. Mit der Galle des Ungeheuers bestrich Herakles fortan seine Pfeile, die jedem Gegner unheilbare Wunden beibrachten.

Archäologen haben knapp 15 km westlich in Lérna *Siedlungsreste* ans Licht gebracht, deren älteste Teile aus dem 6. Jahrtausend v. Chr. stammen, also aus einer Zeit lange vor Ankunft der ersten griechischen Stämme. Spätestens seit dem 3. Jahrtausend war diese Siedlung von einer Festungsmauer umgeben, von der ebenfalls Reste zu sehen sind. Sie war doppelschalig und umhüllte verschiedene Räume, deren Dach wahrscheinlich als Wehrgang diente.

Unter einem Schutzdach liegen die Überreste eines großen Hauses aus der gleichen Zeit. Seine Mauern aus dünnen, ungebrannten Lehmziegeln sind 1000 Jahre älter als die Mykenes. Das Dach des Hauses bildeten gebrannte Tonziegel, die aufgeschichtet zwischen den anderen Mauern zu sehen sind. Das älteste Haus von Lérna liegt weit unter dem heutigen Bodenniveau gleich am Eingang: Der Steinbau stammt aus der Zeit um 4000 v. Chr. Die Ausgrabungen von Lérna liegen 100 m südlich der Straße von Árgos nach Trípoli am Ortsrand des Dorfs *Míli.* Die Wegweiser an der Zufahrt sind leicht zu übersehen. *Di–So 8.30–15 Uhr, Eintritt 2 Euro*

Méthana **[117 D5]**

Die 80 km östlich weit in den Saronischen Golf hineinragende, über 740 m hohe Halbinsel ist durch eine nur 300 m breite Landbrücke mit dem Peloponnes verbunden. Ihr Haupt- und Hafenort *Méthana* ist ein bedeutendes Heilbad. Die Kuranlagen stehen an einem flachen See am Ortsrand, der starke Schwefeldünste ausströmt: Im See kommen die Wasser aus verschiedenen Thermalquellen zusammen.

Die ganze Halbinsel ist vulkanischen Ursprungs. Der letzte Ausbruch ist für das Jahr 250 v. Chr. bezeugt. Vorbei am kleinen Fischerdorf *Vathí* mit seinen guten Fischtavernen kommt man auf schmaler Straße in den sehr ursprünglich gebliebenen Weiler *Kaiméni,* in dem die Straße endet. Dunkelbraune

Méthana liegt an einem Thermalsee, der gesünder ist, als er riecht

Vulkanschlacke prägt die Umgebung; Fährt man den Feldweg 1,5 km weiter bergan und wandert an seinem Ende auf einem schmalen Pfad (Wegweiser zum »Volcano«) noch etwa zehn Minuten, steht man in einer Mondlandschaft wie auf Island, in der Farne und Flechten, wilde Feigen- und Erdbeerbäume in der Lavawüste Akzente setzen. Insider Tipp

Mykene (Mikínes, Mykinä) **[116 B4]**

Karten auf Seite 122 und 123

Nach Mykene ist eine der drei großen Epochen der antiken griechischen Geschichte benannt: die mykenische Zeit. Diese erste Hochkultur auf europäischem Festland erlebte ihre Blüte zwischen 1400 und 1200 v. Chr. Die Mauern der fast 3500 Jahre alten ★ *Burg von Mykene* auf einem Hügel am Rand der argolischen Ebene 25 km nördlich von Nauplia wirken noch immer trutzig und abweisend. Hier residierten einst mächtige Könige wie Atreus, Agamemnon und Orest, lebten Frauen wie Elektra und Klytaimnestra.

Der Name Mykene ist aber auch untrennbar mit Heinrich Schliemann verbunden, der 1876 aus den Königsgräbern von Mykene bedeutende Kunstwerke aus purem Gold mit einem Gesamtgewicht von 14 kg barg. Ein Teil von ihnen ist im Archäologischen Nationalmuseum in Athen zu sehen.

Auf dem Weg zu den Ausgrabungen passiert man auf der Straße vom heutigen Dorf *Mikínes* zum Burghügel zunächst das schon in der Antike so genannte *Schatzhaus des Atreus.* In Wahrheit ist es ein Kuppelgrab aus dem frühen 13. Jh. v. Chr. Eine 36 m lange und 6 m breite Passage, in der Fachsprache *Drómos* genannt, führt auf ein 5,4 m hohes Tor mit dem für die mykenische Architektur typischen Entlastungsdreieck zu. Dahinter liegt das 13,5 m hohe *Kuppelgrab* mit 14,5 m Durchmesser, das innen einem Bienenkorb gleicht. Eine echte Wölbung konnte man damals noch nicht bauen; sie wird hier dadurch vorgetäuscht, dass die Mauerringe nach oben zu immer enger werden und dabei jeweils den unteren um einige wenige Zentimeter überkra-

Urlaubslektüre

Diese Bücher stimmen Sie ein

Der berühmte griechische Dichter Nikos Kazantzakis, der den Kultroman »Alexis Sorbas« schrieb, hat den Peloponnes in seinen ausdrucksstarken Reiseerzählungen »Im Zauber der griechischen Landschaft« beschrieben. Romantiker lesen den antiken Liebesroman »Daphnis und Chloe« eines gewissen Longos, den es auch in einer von Marc Chagall illustrierten Ausgabe gibt. In dem Roman »Corellis Mandoline« von Louis de Bernières, der als Hollywood-Verfilmung ein Welterfolg wurde, geht es um Liebe und Verrat auf einer griechischen Insel während der Nazizeit.

Das Kuppelgrab des Atreus wölbt sich seit mehr als 3000 Jahren in Mykene

gen. Die eigentliche *Grabkammer* bildete der kleine Seitenraum, der sich an den Bienenkorb anschließt.

Zwei weitere Kuppelgräber liegen gleich hinter dem Kassenhäuschen am modernen Eingang zur Burg von Mykene: Das mit erhaltener, teilweise restaurierter Kuppel wird *Grab der Klytaimnestra* genannt und stammt aus der Zeit um 1200 v. Chr.; das mit eingestürzter Kuppel ist etwa 300 Jahre älter und wird als *Grab des Aigisthos* bezeichnet.

Der Hauptweg führt vom Eingang zum berühmten *Löwentor* aus der Zeit um 1250 v. Chr. Es besteht aus vier tonnenschweren Steinen. Über dem oberen Torblock ist aus der Burgmauer wiederum das für mykenische Tore typische Entlastungsdreieck ausgespart. So wird verhindert, dass das Gewicht der Mauer auf dem oberen Torblock lastet. Hier ist es nun aber durch eine etwa 70 cm dicke Steinplatte mit einem einzigartigen Relief verkleidet, das als eines der bedeutendsten Kunstdenkmäler der mykenischen Zeit gilt. Im Zentrum des Reliefs trägt eine Säule, die auf einem Altar ruht, das Dachgebälk eines Gebäudes, vielleicht des Königspalastes. Zwei Löwen stehen mit ihren Vorderpranken auf dem Altar. Ihre Köpfe, die vermutlich aus Bronze gearbeitet waren, fehlen heute. Das Relief sollte Besuchern der Burg wahrscheinlich die Macht der Könige verkünden und ihnen zugleich andeuten, dass sie sich einem heiligen Bezirk nähern.

Hinter dem Tor liegt gleich rechter Hand der Gräberkreis, den Schliemann freilegte. In den fünf von ihm entdeckten Grabschächten aus dem 16. Jh. v. Chr. fand er 19 Skelette, goldene Totenmasken und mit Blattgold bedeckte Gewänder, Schmuck, Waffen und Gefäße. Als die Toten bestattet wurden, lagen die Gräber außerhalb der damaligen

Burgmauer. Als der Palast im 14. Jh. v. Chr. erweitert wurde und nun auch die Gräber umfasste, gestaltete man sie zu einem Heiligtum um. Der Platz über den Gräbern wurde aufgeschüttet und mit Steinplatten belegt. Ringsherum wurde eine Doppelreihe senkrecht stehender Steinplatten aufgestellt. Sie waren oben eingekerbt, trugen Holzbalken, auf die wiederum Steinplatten gelegt wurden. Ein Kultplatz war entstanden, der anders als ein gewöhnlicher Friedhof innerhalb der Mauern verbleiben konnte.

Vom Gräberkreis führt der Weg zur Kuppe des Burghügels, auf dem Spuren des königlichen Palasts, des *Megaron,* erhalten sind. Er stand größtenteils auf künstlich geschaffenen Terrassen. In der Mitte des *Thronsaals* markiert eine leichte Erdaufschüttung die Stelle des Herdfeuers. An ihren vier Ecken sind Säulenbasen zu erkennen. Der Thron stand an der Südseite des 11,5 mal 13 m großen Saals. Im Norden der Burg führt ein unterirdischer Gang zu einem *Brunnen.* Er wurde über eine unterirdische Tonröhrenleitung mit Wasser aus einer 360 m entfernten Quelle versorgt. Von hier führt der Weg weiter zum kleinen, modernen *Museum* mit Repliken der Schliemannschen Goldfunde und Resten mykenischer Fresken sowie einer Cafeteria. *April–Okt. tgl. 8–19.30, Nov.–März 8–17 Uhr, Eintritt 8 Euro*

Im modernen Dorf Mikínes sind die Restaurants auf Massenabfertigung eingestellt. Reisende, die die Ausgrabungen in den kühleren und besucherarmen Morgen- oder Abendstunden besuchen wollen, können hier auch übernachten. Schon Heinrich Schliemann schlief im sehr einfachen *Hotel Belle Helene* in Zimmer Nr. 3 *(8 Zi., Tel. 27 51 07 62 25, Fax 27 51 07 61 79, €).* Moderner ist das *Hotel La Petite Planète (29 Zi., Tel. 27 51 07 62 40, Fax 27 51 07 66 10, €€).* Beide Hotels liegen an der Hauptstraße. Außerdem werden viele Privatzimmer vermietet.

Pórto Héli (Portochelion) **[116 C6]**

Pórto Héli ist mit seinen über 3000 Hotelbetten einer der von Ausländern am meisten besuchten Ferienorte auf dem Peloponnes. Das kleine Städtchen mit seinem großen *Yachthafen* zieht sich 85 km südöstlich um das innere Ende einer großen Bucht und ist von niedrigen grünen Hügeln umgeben. In der Umgebung gibt es mehrere Sand- und Kiesstrände, Bootsfahrten führen auf die Inseln Ägina, Ydra und Spétse sowie nach Monemvassía.

Bestes Hotel in der Stadt ist das *AKS Pórto Héli (218 Zi., Tel. 27 54 05 34 00, Fax 27 54 05 15 49, www.aksportoheli.gr, €€€)* mit hohem Sprungturm am Pool. Es liegt ruhig nahe der Uferstraße in einem eigenen Garten. Für eine Zwischenübernachtung geeignet ist das zentrale, einfache *Limáni (10 Zi., Platía 25is Martíu, Tel. 27 54 05 14 10, €)* 30 m von der Uferstraße.

Spétse (Spetsä) **[116 C6]**

Spétse (3850 Ew.) ist eine kleine, von Pinienwäldern bestandene Insel, auf der Fahrräder und Pferdekutschen die bedeutendsten Verkehrsmittel sind. In der Inselhauptstadt sind zahlreiche Kapitänshäuser aus dem 19. Jh. erhalten. Nach Spétse kommen Sie von Pórto Héli oder vom 5 km entfernten Hafenort

Kósta *(Dauer der Überfahrt ca. 15 Min., ca. 0,70 Euro).*

Tiryns (Tiryntha) **[116 B4]**

Die mykenische *Burg von Tiryns* (14.–12. Jh. v. Chr.) 5 km nördlich ist anders als die Burg von Mykene nicht auf einem Hügel, sondern unmittelbar in der fruchtbaren Ebene erbaut worden. Deswegen brauchte sie besonders mächtige Mauern. Ihre Stärke schwankt zwischen 4 und 17 m. Sie sind auf 725 m Länge aus riesigen, vieleckigen Steinblöcken zusammengesetzt. Spätere Generationen hielten sie für das Werk von einäugigen Riesen, nach denen dieser Mauertypus auch als *Kyklopenmauer* bezeichnet wird.

In der Burg findet man wie in Mykene die Grundmauern des *Megaron,* also des königlichen Palasts. Eine imponierende Eigenart dieser Burg sind die berühmten *Galerien* – spitzbogig eingewölbte Gänge. Sie dienten zum Teil als Lagerräume, zum Teil als Schutz für die im Verteidigungsfall besonders wichtigen Zisternen. Tiryns wurde im 12. Jh. v. Chr. durch einen Brand zerstört und danach nicht wieder aufgebaut; die immer noch laufenden Ausgrabungen stehen unter der Regie des Deutschen Archäologischen Instituts in Athen. Sie liegen nahe der Hauptstraße von Nauplia nach Árgos. *Tgl. 8.30–15 Uhr, Eintritt 3 Euro*

Tolón **[116 B5]**

Hier 12 km südlich machen vor allem Engländer und junge Bustouristen Ferien, die viel Trubel mögen. Angesagte Diskos sind zurzeit der *Gorilla Club* und das *Rainbow,* beide an der Uferstraße. Das Wassersportangebot ist umfassend und topaktuell. Ein Hotel, das aus dem Rahmen fällt, ist das im Schweizer Stil erbaute *Assíni Beach (10 Zi., Uferstraße, Tel. 27 52 05 93 47, €€)* mit einer kleinen, blumenreichen Terrasse direkt am Strand.

Da sie nicht auf einem Hügel, sondern mitten in der Ebene erbaut wurde, hatte die mykenische Burg von Tiryns besonders mächtige Mauern

Schäferromantik und Olympia

Vom Ursprungsort der Olympischen Spiele an sandige Strände und in urige Bergdörfer

Der römische Dichter Vergil besang Arkadien in der Antike, moderne Schlagertexter benutzen das Wort als Synonym für das Land der Sehnsucht. Schon immer war Arkadien der Inbegriff des paradiesischen Hirtenlands der Schäferdichtung. Und tatsächlich: Die gebirgige Region in der Mitte des Peloponnes ist immer noch ein teilweise schwer zugänglicher, weit gehend ursprünglich gebliebener Teil Griechenlands.

Arkadien besitzt um seine Hauptstadt Trípoli und bei Megalópolis zwei bedeutende Ebenen und mehrere fruchtbare Flusstäler. Weite Teile aber werden von Hügeln und bis zu 1000 bis 1300 m hohen Bergen geprägt. Dort ist Landwirtschaft nur möglich, wenn die Bauern in mühsamer Arbeit Terrassen anlegen und pflegen. Große Schaf- und Ziegenherden streifen hier wie zu Vergils Zeiten umher.

Im Westen grenzt Arkadien an die Elis, in der die Berge bald in niedriges Hügelland übergehen, das wiederum zu einer breiten, eintönig flachen Küstenebene überleitet.

Säule der Palästra in Olympia: ein außergewöhnlich idyllischer Ort, um Ringkämpfe auszutragen

In einem Yachthafen

Die Elis ist die Heimat der Olympischen Spiele, Olympia ihr bedeutendstes Reiseziel. Zudem besitzt die Elis viele Kilometer herrlicher Sandstrände mit hohen Dünen und ökologisch wertvollen Sümpfen und Küstenseen.

Die landschaftlich schönste Route durch die Bergwelt Arkadiens und der Elis führt von Trípoli über Vítina, Dimitsána und Langádia nach Olympia. Sie zu fahren lohnt auch im Winter. Dann kann man hier sogar Ski laufen.

OLYMPIA

[114 B4] Olympia (neugr.: *Olimbía)* ist heute ein Dorf mit 1300 Ew., die fast ausschließlich vom Tourismus leben. In zwei Dutzend Hotels und

Aus der Werkstatt des Phidias in Olympia wurde im 5. Jh. eine Kirche

einigen Privatpensionen stehen über 1500 Betten zur Verfügung; auf drei Campingplätzen kommen noch einmal etwa 700 Gäste unter. Restaurants, Juweliere und Souvenirgeschäfte säumen die Hauptstraße, die hinunterführt zu den Ausgrabungen des antiken Heiligtums, das ebenso wie das Dorf in eine lieblich grüne, bewaldete Hügellandschaft mit sanften Kuppen eingebettet ist.

Seit 1875 legt hier das Deutsche Archäologische Institut frei, was aus der über 1100-jährigen Geschichte des dem Göttervater Zeus geweihten Heiligtums erhalten geblieben ist. Wiederentdeckt worden war es bereits 1766 durch den Engländer Richard Chandler. Damals ragten nur noch Mauern des Zeus-Tempels und einiger römischer Ziegelbauten aus der 4 m dicken Schwemmschicht heraus, die der nahe Fluss Alfiós im Lauf der Jahrhunderte angespült hatte. Schriftliche Zeugnisse über Olympia lagen freilich schon immer vor. Für 776 v. Chr. sind erstmals Olympische Spiele belegt. Bis zum Verbot sämtlicher heidnischer Kulte durch den oströmischen Kaiser Theodosius 395 fanden die Olympischen Spiele alle vier Jahre statt. Sie waren zusammen mit den stärker musisch ausgerichteten Spielen von Delphi und den Isthmischen Spielen bei Korinth das größte gesamtgriechische Fest. Es brachte Teilnehmer aus vielen griechischen Stadtstaaten zusammen, die sich sonst ja häufig befehdeten und keineswegs ein einheitliches Volk bildeten. Während der Zeit der Olympischen Spiele mussten alle Waffen ruhen; die Wettkämpfe waren eine Art Kriegsersatz. Nur der Sieger erhielt als Trophäe einen Ölzweig; Silber- und Bronzemedaillen gab es damals noch nicht. Die Sieger wurden in ihrer Heimat mit Ehren überschüttet. Man gab Oden auf sie in Auftrag, oft wurden sie auch mit Geld oder lebenslangen Renten belohnt. Wer nicht gewann, hatte hingegen häufig Hohn und Spott zu ertragen

– nicht die Teilnahme, nur der Sieg war wichtig.

Anfangs wurde nur ein Wettbewerb ausgetragen, der Stadionlauf über eine Distanz von 192 m. Noch im 8. Jh. v. Chr. kamen der doppelte Stadionlauf, ein Langstreckenrennen über 4600 m und ein Fünfkampf hinzu. Später ergänzten Wettbewerbe wie Faustkampf und Wagenrennen die Spiele.

Bis 472 v. Chr. fanden alle Wettkämpfe an einem einzigen Tag statt, danach wurden die Spiele auf fünf Tage ausgedehnt. Nur freie männliche Griechen (und in römischer Zeit auch freie Römer) durften teilnehmen. Frauen war das Zuschauen bei Todesstrafe verboten.

SEHENSWERTES

Ausgrabungen

Karte auf Seite 120f.

★ Wenn Sie die Ausgrabungen nicht nur sehen, sondern auch Olympia verstehen wollen, sollten Sie vom Eingang aus gleich zum *Tempel des Olympischen Zeus* gehen. Er ist an seinem dreistufigen Unterbau, einer wieder aufgerichteten Säule und den vielen gewaltigen Säulenresten deutlich zu erkennen. Dieser Tempel war der kultische Mittelpunkt des Heiligtums. Auf der fast 28 m breiten und über 64 m langen obersten Stufe des Unterbaus bildeten 36 dorische Säulen, jede über 10 m hoch, die Ringhalle des 457 v. Chr. fertig gestellten Tempels aus Muschelkalk. Sie umgaben die fensterlose *Cella,* die man durch eine Türöffnung im Osten betrat. Drinnen stand in mystischem Halbdunkel eines der sieben antiken Weltwunder: eine über 13 m hohe, innen hohle Zeus-Statue aus Gold, Silber, Elfenbein und Edelsteinen. Sie war das Werk des *Phidias,* der auch am Bildschmuck für den Parthenon-Tempel auf der Athener Akrópolis mitwirkte. Vom Unterbau des Zeus-Tempels aus ha-

MARCO POLO Highlights »Elis und Arkadien«

★ **Archäologisches Museum**
Das bedeutendste Museum des Peloponnes steht in Olympia (Seite 59)

★ **Ausgrabungen**
Die erhaltenen Reste der Geburtsstätte der Olympischen Spiele (Seite 57)

★ **Langádia**
Das Bergdorf verlangt seinen Bewohnern eine gute Kondition ab (Seite 67)

★ **Art-Hotel Maínalon**
Das geschmackvolle Hotel eines Athener Galeristen in Vitína (Seite 69)

★ **Dimitsána**
Dorf mit drei Klöstern und einem Freilichtmuseum (Seite 65)

★ **Kloster Elónas**
Schöne Ikonen in einem frommen Felsennest (Seite 66)

ben Sie einen guten Überblick über die Ausgrabungen. Dem Tempel westlich gegenüber stehen die hohen Ziegelmauern einer Kirche aus dem 5. Jh., die an Stelle der antiken *Werkstatt des Phidias* erbaut wurde.

Südlich an die Werkstatt des Phidias schloss sich das *Leonidaion* an, eine im 4. Jh. v. Chr. entstandene Herberge für Ehrengäste, die in römischer Zeit durch ein großes, gut erkennbares Wasserbecken verschönert wurde. Nördlich der Werkstatt des Phidias ist die große *Palästra* aus dem 3. Jh. v. Chr. mit ihren Säulenreihen, in der die Ringkämpfe ausgetragen wurden, deutlich zu sehen. Im Nordteil des Innenhofs ist das Rillenpflaster erhalten, das den Kämpfern mehr Standsicherheit verleihen sollte.

Gen Norden fällt der Blick vom Zeus-Tempel auf den *Hera-Tempel,* dessen Säulen recht unterschiedlich sind. Manche sind aus bis zu zehn, andere nur aus einigen wenigen Säulentrommeln zusammengesetzt. Die Kapitelle sind verschieden, eine der Säulen hat nur 16 statt der üblichen 20 Kanneluren. Das weist darauf hin, dass der bereits um 600 v. Chr. erbaute Tempel ursprünglich hölzerne Säulen besaß, die im Lauf der Jahrhunderte durch steinerne ersetzt wurden, die jeweils dem Geschmack der Zeit entsprachen.

An den Hera-Tempel schließt sich nach Osten hin jenseits einer halbrunden *Brunnenanlage* aus römischer Zeit eine Terrasse an, auf der einst die Schatzhäuser von elf griechischen Stadtstaaten standen. Sie verwahrten hier wertvolle Weihegeschenke an Zeus; zahlreiche weitere Weihegaben auch anderer Städte an die Götter waren überall im heiligen Bezirk aufgestellt.

Die Schatzhausterrasse endet am Eingang zum Stadion, der ursprünglich mit einem Tonnengewölbe überdacht war. Ein Teil davon wurde rekonstruiert. Rechts vom Eingang liegen die Fundamente der *Echohalle,* einer 98 m langen Wandelhalle, die den Besuchern der Spiele Schutz vor Regen und Mittagssonne gewährte.

Das antike Olympiastadion ist ein überraschend einfaches Bauwerk. Es bot auf seinen gut erhaltenen Erdwällen 40 000 Zuschauern Platz; nur die Schiedsrichter saßen auf steinernen Bänken. Die Start- und Ziellinien aus Steinplatten sind an beiden Stadionenden noch deutlich zu erkennen.

Das *Hippodrom* für die Wagenrennen lag südöstlich des Stadions, ist heute aber kaum noch auszumachen. Auffallend sind hingegen die vielen Grundmauern griechischer und römischer *Thermen* am Süd- und Westrand des Geländes.

Am Weg zum Ausgang liegen die Reste des *Philippeion:* zwei kreisförmige Fundamente, die früher einen Rundtempel ähnlich den Tholoi von Delphi und Epidauros trugen. Philipp II. von Makedonien stiftete ihn nach seinem Sieg bei Chaironeia 338 v. Chr.; sein Sohn Alexander der Große ließ ihn fertig stellen. Im Innern standen fünf Statuen aus Gold und Elfenbein: in der Mitte Alexander, flankiert von seinen Eltern und Großeltern.

Nördlich des Philippeions erkennt man dann die Überreste des *Prytaneion,* in dem die Olympiasieger feierlich bewirtet wurden. Auf der anderen Seite des modernen Weges zeugen geringe Reste vom *Gymnasion* aus dem 3. Jh. v. Chr. Hier konnten die Olympiakämpfer auf einem von Säulenhallen umgebenen Platz für ihre Wettkämpfe trainieren. *April–Okt. tgl. 8–19.30, Nov.–März 8–17 Uhr, Eintritt 6 Euro, Kombiticket mit Archäologischem Museum 9 Euro*

MUSEEN

Archäologisches Museum

★ Zu den Schätzen des Museums gehören die marmornen Skulpturen, die die Giebelfelder des Zeus-Tempels schmückten, und die zwölf Metopen von den Stirnseiten des Tempels. Die Metopen zeigen die zwölf Heldentaten des Herakles vom Kampf mit dem Nemeischen Löwen bis zur Entführung des Höllenhundes Zerberus aus dem Totenreich. Die Figuren aus den Giebelfeldern illustrieren den Kampf zwischen Lapithen und Kentauren sowie die Vorbereitungen zum Wagenrennen zwischen dem mythischen Helden Pelops und König Oinomaos.

Einmaliges historisches Zeugnis ist ein Becher, der in der Werkstatt des Phidias gefunden wurde. Er trägt auf dem Boden die Inschrift »Ich gehöre dem Phidias« und scheint der Trinkbecher des berühmten Bildhauers zu sein.

Zwei Statuen im Museum gehören zu den größten Kunstwerken der Antike. Die hochklassische Statue der Siegesgöttin Nike aus der Mitte des 5. Jhs. v. Chr. stand ursprünglich auf einer 9 m hohen Säule vor dem Zeus-Tempel und schien von dort oben auf die Menschen herabzuschweben. Die Statue des Hermes, geschaffen von Praxiteles, einem der namentlich bekannten großen Bildhauer der Antike, zeigt den Götterboten, wie er den kleinen Dionysos zu den Nymphen bringt, bei denen er aufwachsen soll.

Zu den sehenswerten kleineren Objekten gehören ein mykenischer Helm aus Eberzähnen und ein Bronzepferd (um 800 v. Chr.). Ein gelungenes römisches Werk ist eine große Stierstatue, die äußerst lebensecht wirkt. *April–Okt. tgl. 8 bis 19.30, Nov.–März Mo 11–17, Di bis So 8.30–17 Uhr, Eintritt 6 Eu-*

Der listige Pelops

Wie der Peloponnes zu seinem Namen kam

Im Nordwesten des Peloponnes unweit von Patras lebte in grauer Vorzeit ein König. Er hatte eine bildschöne Tochter namens Hippodameia. Wer sie zur Frau haben wollte, sollte den König in einem Wagenrennen besiegen. Viele Freier waren schon an dieser Aufgabe gescheitert, als der edle Jüngling Pelops kam, der sich nicht allein auf sein Glück verließ. Er bestach den Wagenlenker des Monarchen, damit er die eisernen Splinte an den Wagenrädern des Königs gegen wächserne austauschte. Die schmolzen während des Rennens, der König stürzte und wurde von seinen Pferden zu Tode geschleift. Pelops bekam Prinzessin und Königreich – und die gesamte Halbinsel erhielt seinen Namen.

ro, Kombiticket mit Ausgrabungen 9 Euro

Museum der Ausgrabungsgeschichte
Kleines Einraummuseum mit Fotos und Dokumenten zur Arbeit der Archäologen. *Neben dem Museum der Geschichte der Olympischen Spiele, April–Okt. tgl. 8–19.30, Nov.–März Mo 11–17, Di–So 8.30 bis 17 Uhr, wenn geschl., im Archäologischen Museum melden, Eintritt frei*

Museum der Geschichte der Olympischen Spiele
Im klassizistischen Bau des früheren Archäologischen Museums. Fundobjekte wie antike Siegerlisten und Sportgeräte, Sonderthemen wie »Sport und Frauen in der Antike«. *Oberhalb der Straße von den Ausgrabungen ins Dorf, April–Okt. tgl. 8–19.30, Nov.–März Mo 11 bis 17, Di–So 8.30–17 Uhr, Eintritt frei*

Museum der Olympischen Spiele
Das kleine Privatmuseum illustriert die Geschichte der Olympischen Spiele der Neuzeit und gibt einen Einblick in den Alltag der Athleten während der Spiele. Ausgestellt sind z. B. Plakate, Gold-, Silber- und Bronzemedaillen sowie Fotos von den ersten Spielen der Neuzeit 1896 in Athen. *An der oberen Dorfstraße, tgl. 8–15.30 Uhr, Eintritt 2 Euro*

ESSEN & TRINKEN

I Drosiá
Einfache Taverne mit schönem Panoramablick über die Umgebung im 4 km außerhalb von Olympia gelegenen Dorf *Mirákas.* €€

Koutouki o Kladeos
Die einfache Taverne am Fußweg vom Bahnhof zum Museum liegt am Ufer des Flüsschens Kladeos. Sie öffnet erst abends um 19 Uhr ihre Türen und bleibt daher vom täglichen Massenansturm verschont. Vielleicht macht das den Wirt so freundlich. €

Praxitélis Insider Tip
Einfache, sehr preiswerte Taverne mit Tischen und Stühlen auf dem Bürgersteig einer wenig befahrenen Straße. *Odós Spiliopúlu (neben der Polizeistation),* €

EINKAUFEN

Unter den zahllosen Souvenirgeschäften gibt es einige mit sehr hohem Niveau. Hervorzuheben sind:

Galerie Orphée Insider Tip
Moderne griechische Kunst, exzellente griechische Weine und griechische Musik-CDs, Kunstgalerie im Obergeschoss. *An der Hauptstraße Richtung Ausgrabungen*

ÜBERNACHTEN

Apollon
Zentrale Lage zwischen Bahnhof und Hauptplatz, mit Swimmingpool auf dem Dach. *96 Zi., Odós Dúma, Tel. 26 24 02 25 22, Fax 26 24 02 30 68,* €€

Olýmpion Astý Insider Tip
Ganz ruhig am äußersten Ortsrand mit freiem Blick bis zum Meer gelegen. Von einer einheimischen Familie geführt, mit Pool und Tennisplatz. Spezielle Zimmer für Familien, auch Zimmer mit offenem Kamin. *43 Zi., im Ort ausgeschil-*

Im ursprünglich gebliebenen Bergdorf Andrítsena hat man noch Zeit

dert, Tel. 26 24 02 36 65, Fax 26 24 02 31 23, www.gto.gr/olympionasty, €€€

Pension Posidón

Preiswerte familiär geführte Pension, gute Taverne im Haus. Ganzjährig geöffnet. *10 Zi., an der Straße, die von der National Bank aus hangaufwärts führt, Tel. 26 24 02 25 67,* €

AM ABEND

Teilnehmer organisierter Rundreisen trifft man abends im *Touris Club* neben dem Hotel Antónios, wo auf Folklore Diskoklänge in der Taverne folgen. Die einheimische Jugend bevorzugt Musikclubs und im Sommer die Disko *Zorbás* neben dem Museum der Olympischen Spiele. In einem großen, geschmackvoll neu erbauten Freilufttheater im Nachbardorf *Flókas* an der Straße nach Kréstena werden an Sommerabenden Konzerte und Theateraufführungen veranstaltet; Auskunft gibt die Tourist-Information in Olympia.

AUSKUNFT

Hauptstraße vom Zentrum zu den Ausgrabungen, Tel. 26 24 02 31 25, Fax 26 24 02 31 24

ZIELE IN DER UMGEBUNG

Andrítsena **[114 C5]**

Das große Bergdorf (575 Ew.) 55 km südöstlich an der Straße von Olympia nach Megalópolis und zum Tempel von Bassae ist sehr ursprünglich. In den alten, meist zweigeschossigen Natursteinhäusern wohnen überwiegend ältere Menschen; die Jugend zieht in die Städte. Die Läden entlang der langen Dorfstraße stammen aus Tante Emmas Zeiten; in den Tavernen zeigt man sich über Gäste erfreut. Am schönsten sitzt man an der *Platía*, wo köstliches Wasser aus einem Rohr im Stamm der alten Dorfplata- Insider Tipp

Der Apollon-Tempel von Bassae wird durch ein Zelt geschützt

ne fließt. Unterkunft bieten am Ortsausgang Richtung Megalópolis das *Hotel Theoxenía (28 Zi., Tel. 26 26 02 22 19, €)* und die neuere, zentral an der Platía gelegene *Pension Epikurian Apollo (5 Zi., Tel. 26 26 02 28 40, €)*.

Insider Tipp

Bassae (Vassä) **[114 C5]**

Verpackungskünstler Christo hätte den *Apollon-Tempel* 70 km südöstlich in der Bergeinsamkeit von Bassae nicht perfekter verhüllen können: Der besterhaltene antike Tempel außerhalb Athens, dessen Anblick zwei Jahrhunderte lang die Herzen aller Griechenlandreisenden höher schlagen ließ, ist zu seinem Schutz heute vollständig unter einem futuristisch anmutenden Zelt verborgen. Säulen und Gebälk werden durch Rohre und Stützen verunziert. Der erst 1756 wiederentdeckte Tempel darf nicht mehr betreten werden, eine eingehende Betrachtung ist wegen der Enge des Zelts kaum möglich. Eine Befreiung vom Zelt nach erfolgter Restaurierung ist frühestens in 25 Jahren zu erwarten. Die Fahrt hinauf lohnt nur noch, wenn man um die besondere kunsthistorische Bedeutung des Tempels weiß, die in der völlig neuartigen Innenraumgestaltung lag. Hier in Bassae wurden vom Architekten Iktinos, der auch den berühmten Parthenon-Tempel auf der Athener Akrópolis entwarf, zum ersten Mal in der griechischen Baugeschichte korinthische Kapitelle verwendet. Im Innenraum wurde – ebenfalls zum ersten Mal – darauf verzichtet, das Dach durch Säulenstellungen zu stützen. So war die Cella anders als üblich nicht dreischiffig, sondern wirkte als lichter Raum. Eine neue Innenraumauffassung zeigte sich auch in den nicht außen, sondern innen angebrachten Friesen mit Reliefdarstellungen. Sie sind heute im Britischen Museum in London zu sehen. *Wegen schwankender Öffnungszeiten und evtl. Straßensperrungen im Winter vorher anrufen, Tel. 26 26 02 22 54, meist tgl. 8.30 bis 15 Uhr, Eintritt 3 Euro*

Kaiáfa **[114 B5]**

Der winzige Thermalbadeort liegt auf einer über einen Damm mit dem Festland verbundenen Insel 25 km südlich im gleichnamigen See und lohnt wegen seiner Ursprünglichkeit einen Kurzbesuch.

Kástro **[114 A3]**

Kástro (850 Ew.) ist ein beliebter Ferienort für motorisierte Urlauber, die von hier aus in wenigen Minuten viele gute Sandstrände erreichen und zusätzlich die Atmosphäre eines ursprünglich gebliebenen Dorfes genießen können. Überragt wird der gut 60 km nordwestlich von Olympia gelegene Ort von der Festung *Chlemútsi (Mai–Okt. Mo 12–19, Di–So 8–19, Nov.–April Di bis So 8.30–15 Uhr, Eintritt 3 Euro)*, im 13. Jh. für den fränkischen Kreuzritter Geoffroy II. de Villehardouin erbaut. Den Kern der teilweise restaurierten Anlage bildet die sechseckige Zitadelle, deren überwölbte Säle entlang der Außenmauern ein Bild vom ritterlichen Leben vermitteln. Im ebenfalls ummauerten Vorhof der Burg sind Reste einer Moschee zu erkennen. Der Blick von der Festung reicht übers Ionische Meer bis zur Insel Zákinthos.

Sehr gut wohnen kann man in der kleinen *Pension Katsénos (4 Apartments, Tel. 26 23 09 51 43, Fax 26 23 09 54 59, €)* bei besonders freundlichen Wirtsleuten in kleinen, ebenerdigen Apartments nahe der Platía an der Straße nach Lutrá Killínis.

sider pp

Lutrá Killínis **[114 A3]**

Lutrá Killínis war bis 2004 ein bescheidenes Thermalbad mit kilometerlangem Sandstrand vor einem hohen Dünenstreifen. Dann eröffnete ein deutsch-griechisches Hotelunternehmen hier knapp 60 km nordwestlich von Olympia das größte und modernste Ferienresort des Peloponnes mit den Hotels *Grecotel Olympia Oasis* und *Grecotel Olympia Riviera Thalasso* auf einem Riesenareal direkt am Meer *(beide Tel. 26 23 06 44 00, Fax 26 23 06 44 55, www.grecotel.gr, €€€)*. Da die meisten Hotelgäste aber auf dem Hotelareal bleiben, findet man weiter nördlich noch immer viele wenig bevölkerte Strandabschnitte. Auch der Kurbetrieb im einfachen Kurhaus in einem Eukalyptuswäldchen kurz vor der Einfahrt ins Hotelgelände geht bisher noch weiter. Hier nehmen Griechen nicht nur im Kurhaus preiswerte Anwendungen, sondern suhlen sich auch in natürlichen Schlammlöchern im verwilderten Freigelände davor.

Ein ursprünglich gebliebener Urlaubsort ist auch das nur 2 km südlich gelegene *Arkoúdi* mit seinem kleinen Sandstrand und vielen kleinen Hotels und Pensionen sowie familiären Tavernen. Gut wohnt man hier im Hotel *Arcoudi (50 Zi., Tel. 26 23 09 63 50, Fax 26 23 09 62 66, www.arcoudi-hotel.gr, €€)*.

TRÍPOLI

[115 E5] Trípoli (25 500 Ew.), die Hauptstadt Arkadiens, liegt am Rande der fruchtbaren Arkadischen Hochebene, in der überwiegend Getreide angebaut wird. In der Fer-

Vitaminreiche Alltagsszene auf dem Wochenmarkt in Trípoli

ne sind im Nordwesten die Gipfel des fast 2000 m hohen Ménalongebirges sichtbar; im Nordosten steigt das über 1700 m hohe Artemísiogebirge auf, durch das ein Tunnel führt, der Trípoli über Griechenlands modernste Autobahn mit Korinth verbindet.

Trípoli ist eine geschäftige Kleinstadt auf 660 m Höhe ohne nennenswerte Sehenswürdigkeiten. Abends und an Wochenenden fallen die vielen Luftwaffensoldaten auf, die hier stationiert sind.

Der Ort wurde erst im 14. Jh. gegründet, war ab 1770 die Hauptstadt des türkisch besetzten Peloponnes und wurde 1827 von den Türken dem Erdboden gleichgemacht. Aus dem 19. Jh. blieben nur wenige klassizistische Häuser erhalten; das Stadtbild ist deshalb leider überwiegend nichts sagend modern. Angenehm und auffällig ist jedoch die große Zahl von Plätzen in der Stadt; die *Platía Georgíu A'* und die autofreie *Platía Aréos* sind die bedeutendsten.

MUSEUM

Archäologisches Museum

In dem klassizistischen Bau aus dem 19. Jh. sind vor allem die Götterstelen (englisch: *herm)* beachtenswert. Es sind pyramidenförmige Säulen, die in Arkadien den Platz der sonst üblichen Götterstatuen einnahmen. Außerdem besitzt das Museum eine umfangreiche Sammlung von Reliefdarstellungen aus Antike und Mittelalter. *Odós Evangelistrias (Wegweiser von der Odós Georgíu A' aus), Di–So 8.30–15 Uhr, Eintritt 2 Euro*

ESSEN & TRINKEN

Gran Chalet

Gepflegtes Restaurant am Hauptplatz mit guter Weinauswahl, reichhaltiger Pizzakarte, guten Steaks und schmackhaften Kleinigkeiten zum *ouzo. Platía Aréos, €€*

Petit Trianon
Gepflegt, große Auswahl, große Portionen. *Platía Aréos, €€€*

EINKAUFEN

Haupteinkaufsstraßen sind *Odós Ethnikís Antistaséos* und *Odós Ermú*. Sie verbinden die *Platía Georgíu B'* mit der *Platía Aréos.*

ÜBERNACHTEN

Anaktórikon
Zentral gelegen, kürzlich renoviert. *30 Zi., Odós Ethnikís Antistásis 50/ Odós Deligiánni, Tel. 27 10 22 25 45, Fax 27 10 22 20 21, anaktorikon@ otenet.gr, €€€*

Galaxy
Einfaches Mittelklassehotel an der verkehrsreichen *Platía Georgíu B'. 80 Zi., Tel. 27 10 22 51 95, Fax 27 10 22 51 97, €€*

Ménalon
Klassisches, aufwändig modernisiertes Hotel, relativ ruhig unmittelbar am Hauptplatz der Stadt gelegen. *36 Zi., Platía Aréos, Tel. 27 10 23 03 00, Fax 27 10 23 03 27, www.mainalonhotel.gr, €€€*

AM ABEND

Romantiker sitzen zur Zeit des Sonnenuntergangs im auch bei gutbetuchten Einheimischen beliebten *Café Touristikon* am Hauptplatz mit einer der kitschigsten Einrichtungen Griechenlands. Der Blick über den Platz auf das Gerichtsgebäude und die Berge unterm Abendhimmel ist ebenso einmalig. Die Jugend trifft sich im Garten der *Bar Kallisto* neben dem Gerichtsgebäude oder geht ins städtische Freiluftkino gleich nebenan.

ZIELE IN DER UMGEBUNG

Dimitsána **[115 D4]**
★ Das große, lebhafte Dorf (600 Ew.) auf und an einem lang gestreckten Felsvorsprung über dem tiefen Tal des Flusses Lúsios ist eines der ursprünglichsten Dörfer des Peloponnes. Es liegt 60 km nordwestlich von Trípoli 7 km von der Hauptstraße entfernt abseits der gängigen Urlauberrouten. 2 km außerhalb des Dorfs zeigt das einzigartige Openair *Water Power Museum (Mi–Mo 10–16 Uhr, Eintritt 1,50 Euro, www.piop.gr)* in restaurierten Wassermühlen, Gerbereien, Schwarzpulverfabriken und Destillerien auch anhand von Videos, womit die Talbewohner im 18./19. Jh. zu Wohlstand gelangten und wie die Arbeitsprozesse abliefen. Insider Tipp

2 km weiter klebt das *Kloster Emialón* an einer Felswand; die Klosterkirche birgt Fresken aus dem 17. Jh. Von der Straße nach Karítena zweigt eine Asphaltstraße ab, die hinunter ins Lúsiostal führt. Dort steht, atemraubend vielgeschossig an eine Felswand gebaut, das *Mönchskloster Prodrómu,* von dem aus man auch zum restaurierten, aber unbewohnten *Kloster Philosóphou* hinüberwandern kann. Vom Kloster Prodrómu führt eine Asphaltstraße weiter zu den spärlichen, aber romantisch gelegenen Ruinen des antiken *Äskulap-Heiligtums* von *Górtys.* All diese Ziele sind von Dimitsána aus auch auf markierten Wanderwegen erreichbar. Insider Tipp

Kein Weg scheint hinaufzuführen zum Kloster Elónas

In Dimitsána gibt es mehrere Pensionen. Zentral gelegen und gut ist *Ioánnis Kazás (4 Zi., Tel. 27 95 03 10 84, €€)* über dem Supermarkt zwischen Polizei und National Bank.

Insider Tipp

Karítena **[115 D5]**
Stark übertreibend wird das weit auseinander gezogene Dorf gut 50 km westlich an einem Fels über dem Alfióstal manchmal das Toledo Griechenlands genannt. Die *Burg (unregelmäßig geöffnet, fragen Sie vor dem Aufstieg im Dorf)* stammt aus fränkischer Zeit. Sie spielte im griechischen Freiheitskampf gegen die Türken eine bedeutende Rolle, da von hier aus die Passstraße zwischen Megalópolis und der Elis kontrolliert werden konnte. Die Außenmauern sind sehr gut erhalten, die Gebäude im Innern verfallen oder zerstört. Sehenswert ist auch die vielbogige *Brücke* über den Alfiós, die ihre heutige Form 1441 erhielt. Sie steht unmittelbar neben der modernen Straßenbrücke. Wohnen können Sie in der *Pension Vrénthi (8 Zi., Tel. 27 91 03 16 50, Rezeption im gleichnamigen Kafenío an der Hauptstraße, €)*, einem schönen, neuen Natursteinbau.

Kloster Elónas **[119 E3]**
★ Fährt man vom knapp 100 km südöstlich gelegenen Leonídio durch die Schlucht des Flusses Dafnón ins Párnongebirge hinauf, erblickt man nach einigen Kilometern plötzlich wie ein Trugbild das blendend weiße Kloster Elónas viele Hundert Meter höher an der Steilwand eines Felsens. Kein Weg scheint hinaufzuführen – und doch ist man ein paar Kilometer weiter auf dem Parkplatz unmittelbar vor dem Kloster. Ein Fußweg führt von hier unter Felsüberhängen hindurch auf die kleine Terrasse, auf der sich Kirche und Klostergebäude an und unter den Fels zwängen. Ist die Kirche verschlossen, läutet man die Kirchenglocke, und sofort

kommt eine Nonne herbei, um die Tür zu öffnen. Unter der Kirchendecke hängen zahllose Öllampen dicht an dicht, gestiftet von Gläubigen, denen ein Gebet im Kloster geholfen hat. Andere stifteten den Ikonen ein wertvolles Oklad, also einen Überzug aus edlen Metallen, auf dem getrieben und ziseliert genau das dargestellt ist, was zuvor auf der Ikone gemalt zu sehen war. Besonders schön ist die Ikone Mariens als Leben spendender Quell mit großartigen Darstellungen der Kranken und Lahmen, die diesen Brunnen vor einem Kloster in Konstantinopel aufzusuchen pflegten, um geheilt zu werden.

Kloster Lúkos **[119 E2]**
Neben dem blumenreichen Nonnenkloster mit freskengeschmückter Kirche legen Archäologen die Sommervilla des Herodes Atticus aus dem 2. Jh. frei. 4 km von Ástros (45 km südöstlich von Trípoli), dort gut ausgeschildert.

Langádia **[115 D4]**
★ Die aus Naturstein erbauten Häuser des gut 60 km nordwestlich gelegenen Dorfs liegen an einem unglaublich steilen Berghang über mehrere Hundert Höhenmeter verstreut. Treffpunkt der 700 Ew. sind die schmalen Aussichtsterrassen an der Hauptstraße, die das Dorf etwa in halber Höhe durchschneidet. Hier können Sie in der *Taverne Maniátis* (€) gut essen. Spezialitäten sind Spanferkel und im Backofen in einer Olivenöl-Oregano-Sauce gegartes Ziegenfleisch. Eine Riesenauswahl an kulinarischen Naturprodukten aus eigener Herstellung bietet *Kanélla Murútsu* in ihrem schönem Geschäft an der Platía, in dessen Untergeschoss vormittags Nudeln produziert werden. Zimmer mit Panoramablick bieten die beiden modernen Hotels an der Hauptstraße, das *Kentrikó Maniátis (20 Zi., Tel. 27 95 04 35 40, Fax 27 95 04 32 21, €)* und das preiswerte *Motel Lagádia (18 Zi., Tel. 27 95 04 32 02, Fax 27 95 04 32 15, €).*

Leonídio **[119 E3]**
Leonídio (3200 Ew.) ist der größte Ort an der Ostküste Arkadiens. Es liegt 92 km südöstlich unter senkrecht abfallenden, roten Felswänden am Ausgang der *Dafnónschlucht,* die sich hier zu einer kleinen Küstenebene mit vielen Olivenbäumen

Gasse in Leonídio mit Blick auf die Felsen der Dafnónschlucht

weitet. Die Natursteinhäuser des Städtchens wirken wohlhabend und gepflegt. An der Dorfstraße mit kleinen Läden heißt ein Schild Gäste in Leonídio willkommen, das selbst griechische Urlauber nicht lesen können: Es ist in einem 3000 Jahre alten griechischen Dialekt beschriftet, dem Tsakonischen, das nur noch von älteren Leuten in der Umgebung von Leonídio gesprochen wird. Übernachten können Sie in der *Pension Itháki (8 Zi., Tel. 27 57 02 28 79, €)* an der Hauptstraße oder direkt am Meer im ganzjährig geöffneten Apartmenthaus *Ta Kamária (10 Zi., Tel./Fax 27 57 02 23 95, €).*

Mantínea **[115 E4]**
Mantínea 15 km nördlich war in der Antike neben Tegéa und Pallántion eine von drei Städten in der etwa 600 m über dem Meeresspiegel gelegenen Arkadischen Hochebene. Erhalten blieben nur die spärlichen Überreste eines um 360 v. Chr. errichteten *Theaters* und der 4 km langen *Stadtmauer,* die einst mit 105 Türmen und zehn Toren ausgestattet war. Dem Eingang zu den *Ausgrabungen* gegenüber steht die kurioseste Kirche Griechenlands, 1970–1972 von einem Athener Architekten erbaut: Sie wirkt wie der Versuch, eine Kurzgeschichte der Architektur zu schreiben – antike und ganz verschiedene byzantinische Bauformen sind bunt zusammengefügt. Über den Wert des Ergebnisses muss jeder selbst urteilen.

Insider Tipp **Orchomenós** **[115 E4]**
Auf einem lang gestreckten Bergrücken über einer von hohen Bergen umfassten, weiten Ebene liegen gut 30 km nördlich in unberührter Natur die frei zugänglichen Ausgrabungen der *antiken Stadt Orchomenós (frei zugänglich)* mit spärlichen Überresten der Stadtmauer, eines Theaters, eines Tempels und einer Agorá. Das eigentliche Erlebnis sind weniger die bescheidenen Zeugnisse des Altertums als vielmehr ihre romantische Lage in einer wirklich arkadischen Landschaft mit Hirten und Herden. Leider gibt es in dieser Gegend aber viele bellende und manchmal auch bissige Hirtenhunde. *Zufahrt vom Bergdorf Levídi, im Weiler Orchomenós vor der Kirche dem roten Pfeil folgend bergan, nach 50 m links auf den Feldweg einbiegen und diesem bis zum Ende folgen*

Parália Astrús **[119 E2]**
Der moderne Ferienort (870 Ew.) 45 km östlich mit seiner weithin sichtbaren, erst 1825 erbauten *Burg* und einem kilometerlangen Kiesstrand ist vor allem bei griechischen Urlaubern beliebt.

Stemnítsa (Ypsous) **[115 D5]**
Das große Bergdorf auf 1080 m Höhe liegt 40 km westlich an der Straße zwischen Dimitsána und Karítena. Stemnítsa war in früheren Jahrhunderten wegen seiner Glockengießereien bekannt. Die Kirche *Ierárches* ist mit Fresken aus dem Jahr 1715, die Kirche *Panagía I Baféro* mit Fresken aus dem 15. und 16. Jh. und die Kirche *Ágios Nikólaos* mit Fresken aus dem 14. Jh. geschmückt.

Tegéa **[115 E5]**
Tegéa war in der Antike die bedeutendste Stadt Arkadiens. Mitten im heutigen Dorf 10 km südlich von Trípoli wurden die eindrucksvollen

Einsames Fischerboot im Golf von Argolis vor Parália Astrús

Überreste des *Athena-Tempels* aus dem 4. Jh. v. Chr. ausgegraben. Er war als einziger Tempel des Peloponnes ganz aus weißem Marmor erbaut. An Größe übertraf ihn nur der Zeus-Tempel in Olympia. Neben dem Tempel steht das kleine *Archäologische Museum (Di–So 8.30–15 Uhr, 2 Euro)* mit arkadischen Göttersteleń und Teilen vom Athena-Tempel.

2 km von Tegéa sind in einem Park am Rand des Dorfs *Episkopí Tegéas* weitere Überreste der alten Stadt Tegéa zu sehen: die Ruinen eines hellenistischen *Theaters* aus dem 2. Jh. v. Chr., einer *Säulenhalle,* einer frühchristlichen *Basilika* und einer *mittelalterlichen Siedlung* aus dem 7.–13. Jh. Die moderne *Kirche* im Park wurde 1936–1939 vollständig ausgemalt. Vor dem Park findet Mitte August eine große *Landwirtschaftsausstellung* statt, die Volksfestcharakter hat.

Insider Tipp

Tíros **[119 E2]**

Tíros ist ein besonders schönes, strandnahes Bergdorf 80 km südöstlich von Trípoli über dem Argolischen Golf. Hier wohnt man in der *Pension Spíti Kyparíssi (5 Zi., Tel. 27 57 04 16 68, www.spiti-kyparissi.de, €€)* im Ortsteil *Sapunakéika* wie in einem kleinen Paradies.

Insider Tipp

Vitína **[115 D4]**

Das Bergdorf (900 Ew.) knapp 40 km nordwestlich in 1000 m Höhe ist im Sommer und an Winterwochenenden ein beliebtes Ausflugsziel der Griechen. In Tannenwäldern kann man wandern, im Dorf lohnen Laden und Werkstatt des Holzschnitzers *Papalamábras* an der Platía einen Besuch sowie die *Käse- und Teigwarenhandlung* nahe dem Platz an der Straße nach Olympia. Sehenswert ist auch das fast einer Galerie moderner griechischer Kunst gleichende ★ *Art-Hotel Maínalon (50 Zi., Tel. 27 95 02 22 17, Fax 27 95 02 22 00, www.artmainalon.gr, €€€)* eines Athener Galeristen an der Kirche. Die *Taverne Archontikó tis Athínas* (€€) 20 m abseits der Platía ist die beste im Ort.

Jeder Finger ist anders

Auf dem südlichen Peloponnes ist das Ägäische Meer stets gegenwärtig

Den südlichsten Teil des Peloponnes mit drei seiner vier Finger bilden Messenien im Westen und Lakonien im Osten. An archäologischen Stätten ist diese Region etwas ärmer, aber große Namen erklingen auch hier: Sparta allen voran. Mittelalterliche Burgen gibt es hingegen ungewöhnlich viele. Von ihnen aus wurde der Seeweg um den Peloponnes kontrolliert. Auch Byzantinisches ist reichlich vertreten. Außer vielen Kirchen hat Lakonien zwei der prächtigsten Ruinenstädte aus spätbyzantinischer Zeit zu bieten: das auch landschaftlich reizvolle Mistrás und das unbekanntere Geráki. Schließlich locken mit Monemvassía eine belebte venezianische Stadt und mit der Máni eine besonders wilde, raue Landschaft. Ihre mittelalterlichen Dörfer mit hohen Wehrtürmen wirken wie Siedlungen von einem anderen Kontinent.

AREÓPOLIS

[118 C5] Die Gemeinde (775 Ew.), die den Namen des Kriegsgottes Ares trägt, ist das historische Zen-

Das Leónidas-Denkmal in Sparta bezeugt den kriegerischen Ruf der Stadt

Am Kiesstrand von Kardámili (Máni)

trum der Máni. Der Name wurde ihr in Erinnerung an Pétrobey Mavromichális verliehen, der die Manioten im griechischen Freiheitskampf gegen die Türken anführte. Sein Denkmal steht auf der großen Platía der Stadt. Die Manioten waren ein kriegerisches und aufrührerisches Volk. Unterstützt wurden sie in ihrem Freiheitsdrang durch die Natur ihrer Heimat, der Halbinsel Máni. Steile Küsten fast ohne Strände und Häfen sowie das unzugängliche Taigéttosgebirge prägen diesen mittleren der drei großen Finger des Peloponnes. Der Zugang war und ist nur über Kalamáta oder Gíthion möglich. Im Süden ist die Máni extrem trocken, im Norden grün, aber stark zerklüftet. Die Türken haben die Máni nie erobert.

In Frieden lebten die Manioten trotzdem nicht. Sie hielten auf Ge-

Wohnen wie die Manioten: Hotel im Wohnturm in Areópolis

deih und Verderb zusammen, wenn es gegen äußere Feinde ging. Untereinander aber waren sie sich oft spinnefeind. In der Máni galten strenge Ehrgesetze; Blutrache war an der Tagesordnung. In den Dörfern fallen noch heute bis zu 20 m hohe Türme auf; manche Orte scheinen nur aus solchen Türmen zu bestehen. Es sind trutzige Familienburgen mit Schießscharten in den bis zu 1,5 m dicken Mauern, von denen aus die Manioten auch Krieg mit ihren Dorfnachbarn führten – und zwar bis Mitte des 19. Jhs.

Nach dem Zweiten Weltkrieg wurden viele Häuser verlassen, die Dörfer verfielen. Seit den Neunzigerjahren wandelt sich das Bild. Historische ★ Wohntürme wurden in stimmungsvolle Hotels umgewandelt, immer mehr Manioten restaurieren ihr Erbe oder bauen neu im traditionellen Stil.

SEHENSWERTES

Kirchen

Außer den Wohntürmen sind die drei kleinen Kirchen Hauptsehenswürdigkeiten der Stadt. An der großen *Platía* mit dem *Mavromichális-Denkmal,* die zugleich auch Busbahnhof ist, steht die *Ágios-Athanássios-Kirche* mit geringen Freskenresten. In der Südwestecke des Platzes beginnt neben der Gemeindebibliothek eine schmale Autostraße, die nach etwa 200 m zur Kirche *Ágios Jánnis Pródromos* führt. Sie ist vollständig mit gut erhaltenen Fresken aus dem 15. Jh. ausgemalt. Folgt man von der Platía aus der Hauptstraße, gelangt man zunächst zur ebenfalls freskengeschmückten Doppelkirche der *Panagía* und des *Ágios Charálambos* und dann zur Hauptkirche *Agíi Taxiárchi* mit Fresken aus dem Jahr 1978. *Außer der Hauptkirche sind alle Kirchen tagsüber geöffnet.*

ESSEN & TRINKEN

Bárba Pétros

Hier bekommen Sie das beste Essen im Städtchen – aber nur abends. Schöne, übergrünte Terrasse zwischen Natursteinmauern, faire Preise. *An der Hauptdorfgasse zwischen Platía und Hauptkirche,* €€

Nicola's Place

Viele gekochte Gerichte und die Kuttelsuppe *patsá* werden hier angeboten. *Platía,* €

ÜBERNACHTEN

Kapetanákos Tower

Alter Wohnturm von 1865 100 m von der Hauptkirche entfernt, jetzt ein Hotel mit sieben klimatisierten Zimmern, darunter auch Vierbettzimmer. Zum Haus gehört ein schöner Garten. *Tel. 27 33 05 12 33, Fax 27 33 05 14 01, €€€*

Lóndas
Wohnturm eines Athener Malers, der in Zürich studiert hat. Frühstück wird auf der Dachterrasse serviert. 50 m von der Hauptkirche. *4 Zi., Tel. 27 33 05 13 60, Fax 27 33 05 10 12, €€€*

Piérros Bozagrégos
Kein Wohnturm, aber ein altes Haus mit schöner Dachterrasse für alle Gäste. Freundlich-familiär geführt. *6 Zi., Südseite der Hauptkirche, Tel. 27 33 05 13 54, €€*

Trapela
Im historischen Stil neu erbautes Hotel am Ortseingang. *13 Zi., Tel. 27 33 05 26 90, Fax 27 33 05 22 90, www.trapela.gr, €€*

AM ABEND

Areópolis ist kein Ziel für Nachtschwärmer. Treffpunkt der Dorfjugend ist abends das *Pub Romeo* an der Platía.

ZIELE IN DER UMGEBUNG

Geroliménas (Jerolimin) **[118 C6]**
Das knapp 25 km südlich gelegene Dorf (55 Ew.) mit einem der wenigen Häfen der Inneren Máni ist eine Neugründung des 19. Jhs. Die Lage ist erheblich schöner als der Ort: Die Bucht von Geroliménas wird auf einer Seite von einer eindrucksvollen Steilküste gesäumt. Gut ist die *Fischtaverne Órama* (€€€) am Hafen.

MARCO POLO Highlights »Messenien und Lakonien«

★ **Wohntürme**
In Areópolis wohnt man stilvoll in den historischen Trutzburgen der Máni (Seite 72)

★ **Voidokiliábucht**
Der schönste Sandstrand des Peloponnes (Seite 81)

★ **Váthia**
Das Bilderbuchdorf in der Máni (Seite 75)

★ **Elafónissos**
Eine kaum bekannte Insel (Seite 84)

★ **Pírgos Dirú**
Kahnfahrt durch eine Tropfsteinhöhle (Seite 74)

★ **Monemvassía**
Romantik pur in venezianischen Gassen (Seite 82)

★ **Ithómi/Messéne**
Die besterhaltenen antiken Stadtmauern des Peloponnes (Seite 78)

★ **Mistrás**
Eine Hauptstadt in Ruinen mit prächtigen Kirchen und Klöstern (Seite 87)

Gíthion **[119 D5]**
Die angenehm ursprünglich gebliebene lakonische Hafenstadt (4500 Ew.) 27 km nordöstlich ist für Reisende aus Richtung Sparta das Tor zur Máni. Zugleich hat der Ort als Hafen im Fährverkehr nach Kreta Bedeutung. Für besonders Interessierte sind die spärlichen Überreste eines römischen *Theaters* gleich neben der Kaserne von Gíthion sehenswert *(frei zugänglich, ausgeschildert an der Platía, die an der Haupteinkaufsstraße Leofóros Ermú liegt)*. Auf dem der Stadt an der Straße zur Máni vorgelagerten Inselchen *Marathonísi*, das über einen Straßendamm erreichbar ist, steht der Wohnturm *Tzanetákis Tower*. In ihm ist das *Historisch-Ethnologische Museum (tgl. 9.30–13 und 17–21 Uhr, Eintritt 2 Euro)* der Máni untergebracht. Hier bietet die *Taverne To Nisí* (€) große Auswahl griechischer Gerichte. Zum Übernachten sind die *Pension Sága (11 Zi., Tel. 27 33 02 50 00, Fax 27 33 02 43 70, €)* und das gelb gestrichene *Hotel Aktéon (24 Zi., Tel. 27 33 02 35 00, Fax 27 33 02 22 94, €€)* empfehlenswert, beide an der Uferpromenade. Das beste Antiquitätengeschäft des Peloponnes finden Sie ebenfalls an der Uferpromenade: Insider Tipp *Paliatzoúres (Odós Vas. Pávlu 25)*.

Kardámili **[118 C4]**
Das 46 km nördlich gelegene Kardámili (330 Ew.) ist der bedeutendste Fremdenverkehrsort der Máni. Baden kann man an einem langen Kiesstrand. Zu Wanderungen lädt die 15 km lange *Schlucht von Víru* ein. Auf den Klippen am Meer isst man in *Lela's Taverna* (€€). Zentral wohnen können Sie in der Insider Tipp *Pension O Kípos tis Skardámoulas* an der Platía *(6 Zi., Tel. 27 21 07 35 16, Fax 27 21 07 32 59, €€)*. Das beste Hotel am Platz steht im Grünen in der Nachbarbucht: das *Kalamítsi (35 Zi., Tel. 27 21 07 31 31, Fax 27 21 07 31 35, www.kalamitsi-hotel.gr, €€€)*.

Marmári **[119 D6]**
Winziger Weiler knapp 40 km südlich von Areópolis mit zwei guten Sandstränden und der guten *Taverne Marmári* (€€).

Pírgos Dirú **[118 C5]**
★ An der Bucht von Pírgos Dirú 10 km südlich sind fast auf Meereshöhe weitläufige Tropfsteinhöhlen entdeckt worden. Eine davon, die *Vlichádahöhle (Juni–Sept. tgl. 8 bis 17.30, Okt.–Mai 8–14.30 Uhr, Eintritt inkl. Bootsfahrt 12 Euro)*, kann man auf einer halbstündigen Bootsfahrt über einen unterirdischen Fluss kennen lernen. In anderen Höhlen wurden zahlreiche Funde aus vergangenen Jahrtausenden gemacht, die in einem kleinen *Museum (Di–So 8.30–15 Uhr, Eintritt frei)* ausgestellt sind. Am Strand bei den Höhlen kann man sich auf kindskopfgroßen Steinen sonnen.

Stavrí **[118 C6]**
Das 25 km südlich von Areópolis gelegene Stavrí ist eines der wenigen Dörfer der Máni, mit denen es wieder aufwärts geht. Mehrere seiner hohen Wohntürme wurden von Privatleuten als Sommerwohnsitz restauriert, und außerdem steht hier ein Hotel, auf das Hinweisschilder überall entlang der maniotischen Straßen aufmerksam machen: das im traditionellen Mánistil erbaute *Tsitsíris Castle (19 Zi., Tel. 27 33 05 62 97, Fax 21 06 85 89 62,*

Wohntürme prägen auch Váthia an der Südspitze der Halbinsel Máni

€€€). Das klimatisierte Haus mit schattigen Terrassen und Restaurant liegt am Dorfrand mit weitem Blick auf viele maniotische Dörfer.

Stúpa **[118 C4]**
Das Dorf (625 Ew.) 40 km nördlich von Areópolis hat sich wegen seines feinen Sandstrands zum Ferienort entwickelt. Tamarisken auf dem Sand bieten Schatten, das Ufer fällt kinderfreundlich flach ab. Man wohnt nur 100 m vom Strand entfernt im *Hotel Léfktron (32 Zi., Tel. 27 21 07 73 22, Fax 27 21 07 77 00, www.lefktron-hotel.gr, €)* oder in Studios und Bungalows im *Elías* 200 m vom Strand entfernt *(32 Zi., Tel. 27 21 07 77 73, www.zorbas.de, €€).*

Insider Tipp **Thalámai** **[118 C4]**
In dem Dorf (200 Ew.) 20 km nördlich sind direkt an der Straße vier kleine *byzantinische Kirchlein* sehenswert. Besonders schön ist die *Metamórfosis-Kirche* aus dem 13. Jh. auf dem Dorffriedhof. Die Kapitelle der vier Säulen, die die Kuppel tragen, sind mit reizvoll-naiven Reliefs verziert: Dargestellt sind eine Sphinx, die ein Tier im Maul trägt, ein Bogenschütze bei der Jagd und zwei Füchse, die einen von einem Hasen geführten Pflug ziehen.

Váthia **[119 D6]**
★ Im südlichsten Teil der Inneren Máni 33 km südöstlich stehen auf einem Felsvorsprung dicht gedrängt die Wohntürme von Váthia, das durch diese enge Bebauung von weitem wie eine Felsenburg wirkt. Von Váthia aus kann man durch eine bizarre Kleinfelslandschaft noch einige Kilometer weiterfahren zur *Bucht von Pórto Kágio* mit guten Fischtavernen.

KALAMÁTA

[118 C3] Die Hauptstadt Messeniens (49 000 Ew.) wurde am 13.

Kalamáta hat sich von dem schweren Erdbeben im Jahr 1986 erholt

September 1986 von einem schweren Erdbeben verwüstet. Es gab zwar »nur« 20 Tote und 300 Verletzte, aber ein Viertel aller Häuser wurde zerstört, die gewachsene Altstadt vernichtet. Inzwischen ist sie weit gehend schöner als zuvor wieder erstanden, in die alte Markthalle sind Kunstgalerien eingezogen. Haupteinkaufs- und Flaniermeile der Neustadt ist die breite *Odós Aristoménus,* das abendliche Leben spielt sich vor allem an der 4 km langen Uferpromenade ab. Kalamáta ist wieder eine Stadt, die einen Zwischenstopp lohnt.

SEHENSWERTES

Altstadt
Kalamáta besitzt keine Sehenswürdigkeiten mehr. Wer einen Eindruck von der Altstadt bekommen möchte, spaziert am besten vom Bahnhof zum *Kástro (Mo–Fr 10 bis 13.30 Uhr, Eintritt frei)* auf dem Burgberg. Dabei kommt man an der byzantinischen Kirche *Agíi Apóstoli* vorbei. Für Eisenbahnfans lohnt der kostenlose Besuch der großen *Freiluftausstellung historischer Züge* im Stadtpark nahe dem Hafen.

MUSEUM

Benáki-Museum
Archäologisches Museum mit Funden aus ganz Messenien. *Odós Benáki/Odós Papazóglu 6, Di–So 8.30–15 Uhr, Eintritt 2 Euro*

ESSEN & TRINKEN

Akrogiáli (Koilákos)
Der Klassiker unter den Tavernen der Stadt. Frischer Fisch, Fleisch vom Holzkohlengrill. *Odós Navarínu 12 (Uferstraße),* **€€€**

O Ilías
Einfache Taverne in Bahnhofsnähe mit kleinem Garten. Mittags auch

gekochte Gerichte, abends große Fleischauswahl vom Holzkohlengrill. *Odós Sid. Stathmú/Odós Andonópulu, €*

Limáni-Karamános
Frischer Fisch, Risotto mit Muscheln, Spaghetti mit Meeresfrüchten, aber auch Kleinigkeiten wie Zucchinireibekuchen, Käsekroketten und mit Knoblauch gefüllte Sardinen. *Odós Psarón 146 (am Handelshafen), So-Abend geschl., €€*

EINKAUFEN

I Milópetra/The Millstone
Große Auswahl an Naturprodukten aus der Region, größtenteils schön verpackt, darunter Oliven, Olivenöl, Johannisbrotmehl, Honig, Marmeladen. *Odós Benáki 6 (an der alten Markthalle), tgl. 8.30–23 Uhr*

ÜBERNACHTEN

Filoxenía
Komfortables Hotel am stadtfernen Ende des 4 km langen Kiesstrands. Dachgarten, Pool, Tennisplatz mit Flutlicht. Linienbus ins Zentrum. *230 Zi., Paralía, Odós Navarínu, Tel. 27 21 08 42 13, Fax 27 21 02 33 43, www.grecotel.gr, €€€*

Óstria
Modernes Hotel an der Uferstraße mit sehr gutem Preis-Leistungs-Verhältnis. Sehr sauber, sehr freundlich. *65 Zi., Paralía, Odós Navarínu 95, Tel. 27 21 02 38 49, Fax 27 21 09 08 10, €€*

Rex
Das historische Spitzenhotel der Stadt hat nach dem Erdbeben von 1986 erst 1999 seine Pforten wieder eröffnet. Die Zimmer sind im historischen Stil gestaltet. *44 Zi., Odós Aristoménus 26, Tel. 27 21 09 44 40, Fax 27 21 02 32 92, www.rexhotel.gr, €€€*

STRÄNDE

Gebadet wird am kilometerlangen Kiesstrand zwischen Handelshafen und östlichem Stadtrand.

ZIELE IN DER UMGEBUNG

Chóra [118 A3]
Das große Dorf (3500 Ew.) knapp 50 km westlich nahe der Westküste liegt in einem in mykenischer Zeit bedeutenden Gebiet. Im *Archäologischen Museum (Di–So 8.30–15 Uhr, Eintritt 2 Euro)* sind zahlreiche sehenswerte Objekte ausgestellt. Im ersten Saal sind die Goldfunde aus nahen mykenischen Gräbern und zwei übermannshohe, *pithoi* genannte Vorratsgefäße bemerkenswert, die als Sarkophage dienten. Im zweiten Saal sind Freskenreste aus dem Palast des Nestor ausgestellt und in einer Vitrine in der Saalmitte zahlreiche Tontafeln mit der mykenischen Linear-B-Schrift, die 1952 als frühes Griechisch identifiziert werden konnte. Im dritten Saal sind Gegenstände aus dem mykenischen Alltag zu sehen, darunter ein sehr praktisch wirkender Grill für Fleischspieße.

4 km südlich des Dorfes liegen an der Straße nach Pílos die bedeutenden Ausgrabungen des *Nestor-Palasts (Di–So 8.30–15 Uhr, Eintritt 3 Euro)*. Erheblich anschaulicher als in Mykene kann man hier erkennen, wie Fürstenpaläste in mykenischer Zeit gestaltet waren. Hier hat wahrscheinlich auch Nestor resi-

Sogar eine Badewanne ist im ungewöhnlich gut erhaltenen Palast des Nestor noch zu bewundern

diert, jener sagenhafte weise König, der nach Homer noch in hohem Alter mit der ungewöhnlich großen Zahl von 90 Schiffen am Trojanischen Krieg teilnahm. Deutlich zu erkennen sind die einzelnen Räume, die auch durch griechisch und englisch beschriftete Tafeln gekennzeichnet sind. Man sieht u. a. den Thronsaal und die Lagerräume mit in den Boden eingelassenen Vorratsgefäßen, eine Badewanne, den Raum der Königin, die Ansätze von Treppen ins Obergeschoss, Bänke an den Wänden eines Warteraums.

Christianón (Christianoupolis) **[118 A3]**

Schon die Anfahrt in das 85 km nordwestlich abseits aller Hauptstraßen gelegene Dorf am Westhang des Bergs Egaléo ist ein Erlebnis. Die Kleinstadt Filiatrá bleibt im dunkelgrünen Olivenhain zurück, der ans blaue Meer grenzt. Das Sträßlein windet sich in ein Tal hinunter und steigt dann zum Zielort an. Christianón ist heute ein unbedeutender, überhaupt nicht auf Fremdenverkehr eingestellter Weiler. Doch auf einer Brache mitten im Dorf steht schon seit 1070 eine viel zu große *Kirche:* Christianón war bis 1837 Sitz des Bischofs von Messenien. Der an die Kirche gelehnte *Bischofspalast* ist eine efeuüberrankte Ruine; in der Kirche fehlen Türen und Fenster.

Finikúnda (Finikus) **[118 A–B4]**

Das Dorf 60 km südwestlich zwischen Weinbergen und Gemüsefeldern ist ein bei Griechen und Fremden gleichermaßen beliebter Badeort. Eine Reihe von Tavernen steht direkt auf dem Sandstrand. Ebenso schön ist die etwas erhöht über dem Hafen gelegene *Taverne Helena House* (€€) mit einem freundlichen Wirt, der für seine Gäste manchmal zur Gitarre greift. Eine Spezialität sind mit Pfefferminz und Knoblauch gefüllte gegrillte Sardinen, und auch das *briám* wird weithin gerühmt. Wohnen kann man außer in vielen Privatzimmern auch im 50 m vom Strand entfernt gelegenen *Hotel Finikoúnda (30 Zi., Tel. 27 23 07 14 08, Fax 27 23 07 12 08, €€).* Abends trifft man sich in der Disko *Memory* an der Straße nach Methóni unter freiem Himmel.

Ithómi/Messéne **[118 B3]**

★ In den Bergen nördlich des Messenischen Golfes liegt knapp 50 km nordwestlich das kleine Dorf *Mavromáti (Mavrommation)* wie ein Theater mit Meerblick hoch über der grünen Küstenebene. Es steht an der Stelle der antiken Stadt Messéne, die auch den noch älteren Namen Ithómi trug und seit spätklassischer Zeit die Hauptstadt Messeniens war. Die Zufahrt erfolgt am besten vom großen Dorf *Meligalás* aus. Kurz vor dem nächsten Dorf, *Neochóri*, führt das Sträßlein über eine eigenartige, dreischenklige *Brücke* aus der Antike, die ausgerechnet exakt über den Zusammenfluss zweier Flüsse gebaut wurde.

Man erreicht das Stadtgebiet des antiken Messéne am *Arkadischen Tor*, dem besterhaltenen Stadttor Griechenlands. Noch 7 m hoch stehen seine sorgfältig gearbeiteten Mauern. Auf der anderen Seite des Tors gabelt sich die Straße. Fährt man nach rechts, kommt man nach 1 km zu einer *Castle* genannten Stelle, an der die Stadtmauer noch besonders gut erhalten ist. Fährt man nach links, kommt man ins Dorf Mavromáti. Man kann zunächst das *Archäologische Museum (Di–So 8.30–15 Uhr, Eintritt 2 Euro)* besichtigen und 150 m weiter über einen Feldweg zu den Ausgrabungen des antiken *Asklípion-Heiligtums*, des *Odeons* und des *Stadions* gelangen. Auf die Asphaltstraße zurückgekehrt, erreicht man dann den heutigen Dorfplatz mit der gepflegten *Pension Zeus (4 Zi., Tel. 27 24 05 10 05, €)* mit Balkons und Etagenduschen. Hier zweigt ein Sträßlein nach links oben ab, das nach 1500 m das *Lakonische Tor* passiert. Dort beginnt ein Pfad, der entlang der antiken Stadtmauer in etwa einer Stunde auf den Berg *Ithómi* führt. Oben stehen die Reste der *Akrópolis* und ein verlassenes *Kloster* aus dem 14. Jh.

Koróni **[118 B4]**

Eingebettet in eine grüne Landschaft mit sanften Weinbergen und Zypressen liegt gut 50 km südwestlich mit Koróni (1700 Ew.) eines der schönsten Küstenstädtchen des Peloponnes. Fischernetze werden

Hinter dem 7 m hohen Arkadischen Tor beginnt Messéne

Das Nonnenkloster Timíu Pródromu ist Teil der Burg von Koróni

am Hafen ausgebreitet und hängen zum Trocknen auch in den Gassen, die zur venezianischen *Burg* hinaufführen. Innerhalb der Burg stehen noch einige Wohnhäuser und das Nonnenkloster *Timíu Pródromu,* in dessen Garten schon ab Februar Geranien blühen. Auf einem Teil der Ruinen einer Basilika haben die Türken eine kleine *Moschee* erbaut, zwischen den Burgmauern ruhen die Toten der Stadt.

Jenseits der Burg setzt sich die Küste im kilometerlangen, rötlichgelb schimmernden Sandstrand *Zága Beach* fort, den man vom Hafen aus in zehn Minuten zu Fuß erreichen kann. Dort steht in 2 km Entfernung vom Ort auch das mit nur 43 Zimmern größte Hotel von Koróni, das *Auberge de la Plage (Tel. 27 25 02 24 01, Fax 27 25 02 25 08, €€).* Ein kleines, modernes Hotel zwischen Hafen und Hauptkirche ist das *Diána (8 Zi., Tel./Fax 27 25 02 23 12, €).* Am Hafen ist die Fischtaverne *To Maístrali* (€€) besonders zu empfehlen.

Methóni **[118 A4]**

In Methóni (1200 Ew.) 62 km südwestlich kann man unmittelbar unterhalb der mächtigen Mauern einer venezianischen *Burg (Mai bis Okt. Mo 8–15, Di–So 8–19 Uhr, Nov.–April Di–So 8–15 Uhr, Eintritt frei)* baden. Sie nimmt eine ganze Halbinsel ein und war den Venezianern von 1209 bis 1500 und von 1685 bis 1715 ein wichtiger Stützpunkt für ihre Kriegs- und Handelsflotte. Während des griechischen Freiheitskampfes unterhielten die Türken hier einen großen Sklavenmarkt für griechische Gefangene.

Im Garten der *Taverne Klimatária* (€) unmittelbar vor der Burg sitzt man gut. Das kürzlich vollständig renovierte *Hotel Methóni Beach (12 Zi., Tel. 27 23 02 87 20,* Insider Tipp

Fax 27 23 02 87 22, www.methoni.gr, €€) ist ein historisches Haus am Burggraben. Das *Hotel Gióta (15 Zi., Tel. Tel. 27 23 03 12 90, Fax 27 23 03 12 12, €)* liegt 60 m vom Strand entfernt im Ort. Bestes Hotel ist das *Methóni Amalía (36 Zi., Tel. 27 23 03 11 29, Fax 27 23 03 11 95, €€€)*, dessen Zimmer alle Balkon mit Meerblick haben.

Pílos **[118 A4]**
Außerhalb Griechenlands ist die 50 km westlich, landschaftlich besonders schön gelegene Kleinstadt (2100 Ew.) unter ihrem mittelalterlichen Namen *Navaríno* bekannter: Hier versenkte 1827 eine Flotte von englischen, französischen und russischen Schiffen in vier Stunden heftigsten Kampfes 55 von 82 Schiffen der türkischen Kriegsflotte.

Pílos liegt am Südende einer großen Bucht, die durch die heute unbewohnte Insel *Sfaktería* vom offenen Meer abgegrenzt wird. Auf der Insel erinnern zahlreiche Denkmäler an die Sieger und die Toten der Schlacht. Im Hafen von Pílos warten immer Taxiboote *(60 Euro für 6 Personen)*, mit denen man im Hochsommer zur Insel oder zu den Stränden entlang der Bucht übersetzen kann.

In Pílos selbst lohnt die Besichtigung der *Burg (Mai–Okt. Di–So 8.30–17, Nov.–April 8.30–15 Uhr, Eintritt 3 Euro)*, in der Archäologen die Grundmauern zahlreicher historischer Bauten freilegen. Der Besuch des *Archäologischen Museums (Di–So 8.30–15 Uhr, Eintritt 2 Euro)* ist hingegen nur besonders Interessierten zu empfehlen. Zu sehen sind hier u. a. drei hellenistische Vasen aus farbigem Glas.

Bestes Hotel der Stadt ist das *Karális (35 Zi., Tel. 27 23 02 29 60, Fax 27 23 02 29 70, hotel_karalis@yahoo.com, €€€)* nahe dem Hafen an der Straße nach Kalamáta. Ruhiger liegt direkt am Meer das teurere *Karális Beach (14 Zi., Tel. 27 23 02 30 21, Fax 27 23 02 29 70, €€€)*. Einen schönen Blick auf die Bucht von Navaríno bietet die hoch über der Stadt an der Straße nach Kalamáta gelegene *Pension Philip (Tel. 27 23 02 27 41, Fax 27 23 02 32 61, €–€€)* mit zehn Studios in einem Neubau und sieben einfachen Zimmern im Altbau. Dazu gehört das *Restaurant Philip* (€€) mit exzellenter Küche. Stimmungsvoll sitzen und ausgezeichnet essen können Sie auch im renommierten *Restaurant 1930* (€€) im Zentrum, dessen Koch traditionelle Rezepte und eigene Kreationen pflegt.

Voidokiliábucht **[118 A3–4]**
★ Am nördlichen Ende der Bucht von Navaríno 60 km westlich von Kalamáta liegt unterhalb der Festung Pylos zwischen Osmanagalagune und Ionischem Meer einer der schönsten Badestrände Griechenlands: die *Rinderbauchbucht.* Kilometerlang erstreckt sich feiner Sand vor hohen Dünen. Faszinierend anzusehen ist bei Wind die Brandung am schmalen Durchlass zum offenen Meer. Am Burgberg ist eine Grotte zu erkennen, die *Höhle des Nestor* genannt wird; von hier aus führt ein steiler Pfad hinauf zur über antiken Mauern in fränkischer Zeit erbauten Burg.

Das der Bucht nächstgelegene Dorf ist *Petrochóri* mit dem sehr guten und dabei preiswerten *Hotel Navarone (Tel. 27 23 04 15 71, Fax*

27 23 04 15 75, €€) 300 m von einem weiteren Dünenstrand unmittelbar am offenen Meer. Zur Voidokiliábucht sind es 2,5 km. Das Hotel bietet 17 Zimmer im Hauptbau und 41 Bungalows sowie einen Pool; der freundliche Wirt spricht gut Englisch. Man braucht jedoch ein eigenes Fahrzeug. Das Dorf und die Straße zur mit *Navarino* ausgeschilderten Bucht erreicht man über eine Stichstraße, die von der Hauptstraße Pílos–Kiparíssia in Richtung Romanós abzweigt.

MONEMVASSÍA

[119 F5] ★ Monemvassía (1300 Ew.) gleicht einer Filmkulisse. Stadtmauern und Festung, Häuser, Gassen und Plätze haben ihr spätmittelalterliches Gepräge bewahrt; kein Neubau stört das geschlossene Bild des Ortes. Innen aber haben die Häuser neue Funktionen bekommen. Sie dienen als Hotels und schicke Bars, gute Restaurants oder Filialen Athener Boutiquen und Galerien. Monemvassía ist megain; Athener Yuppies und Schickeria geben sich hier ein sommerliches Stelldichein. Entsprechend knapp sind die Parkplätze vor der Stadtmauer, entsprechend hoch die Preise in Läden und Bars.

Das alte Monemvassía liegt auf der Südseite eines 1700 m langen und 300 m breiten Felsens unmittelbar vor der Küste des Peloponnes, mit dem die Insel schon seit dem Mittelalter durch eine Brücke verbunden ist. Für die byzantinischen Fürsten von Mistrás war die stark befestigte Stadt bis 1464 ebenso bedeutend wie anschließend für die Venezianer, die sie mit Unterbrechungen bis 1715 besaßen. Sie nannten die Stadt Malvasia und exportierten von hier Wein nach Italien, der in Europa als Malvasierwein bekannt wurde.

Das neue Monemvassía liegt auf der Festlandseite der Brücke. Hier

Voidokiliábucht: kilometerlanger Sandstrand und Dünen

Kuppel der Agía Sofía, der bedeutendsten Kirche von Monemvassía

stehen zahlreiche weitere Tavernen, Hotels und Pensionen, hier gibt es auch kleine Strände. Das Preisniveau ist erheblich niedriger als in der Altstadt.

SEHENSWERTES

Altstadt
Man betritt die Altstadt durch das alte Stadttor und geht die Hauptgasse entlang zur Platía. Hier ist die mittelalterliche Kirche *Christós Elkómenos (tgl. 9–13 und 17–20 Uhr)* als einzige der vielen alten Kirchen in der Unterstadt für Besichtigungen geöffnet. Ein serpentinenreicher Fußweg führt auf das Felsplateau, das im Mittelalter ebenso dicht bebaut war wie die Unterstadt. Hart am Abgrund steht hier mit der *Agía Sofía* die bedeutendste Kirche Monemvassías. Ein Pfad führt zum *türkischen Kastell* auf dem höchsten Punkt des Felsens, ein anderer zu ausgedehnten Zisternen.

ESSEN & TRINKEN

To Kanóni
Exzellentes Restaurant in der Altstadt mit Blick auf Stadtmauern und Meer. Terrassen. *Platía,* €€€

Scórpios
Das freundliche, gut Englisch sprechende junge Wirtsehepaar Júli und Vasílis serviert gute Tavernenkost direkt am Meer. *An der Uferstraße zwischen Brücke und Hafen,* €

EINKAUFEN

Eine Spezialität des Ortes ist *amigdalotó,* eine griechische Variante des Marzipans. Sie wird in mehreren Geschäften an der Brücke angeboten. Insider Tipp

ÜBERNACHTEN

Byzantíno
25 traditionell und stilvoll eingerichtete Zimmer und Apartments

in mehreren Häusern in der Altstadt. *Tel. 27 32 06 13 51, Fax 27 32 06 14 36,* €€€

Malvásia

16 Zimmer und Apartments in mehreren Häusern der Altstadt. Rezeption an der Hauptgasse der Altstadt. *Tel. 27 32 06 13 23, Fax 27 32 06 17 22,* €€–€€€

Insider Tipp **Víla Diamánti**

Sechs Doppelzimmer und drei Apartments in einer ruhig gelegenen Villa zwischen Küstenstraße und Meer mit schönem Blick auf den Felsen. Außerdem vermieten die Deutsch und Englisch sprechenden Inhaber auch sechs Bungalows am oberen Rand der Neustadt. *Ca. 300 m nördlich der Brücke nahe am Meer, Tel. 27 32 06 11 96,* €€

AM ABEND

Ein Treffpunkt in der Altstadt ist die teure Bar *Enétiko.* In der Neustadt trifft man sich im *Rock Café* nahe der Brücke.

ZIEL IN DER UMGEBUNG

Elafónissos [119 E–F6]

★ Im äußersten Süden der Parnónhalbinsel 40 km südlich von Monemvassía bietet sich Peloponnesurlaubern die Gelegenheit, das Leben auf einer winzigen, noch nicht völlig vom Tourismus veränderten Insel kennen zu lernen. Elafónissos wird nur durch einen 1 km breiten Meeresarm vom Festland getrennt. Vom Festlandshafen Púnda aus fährt eine Fähre hinüber. Im einzigen Dorf der Insel leben noch etwa 750 Menschen; die meisten von ihnen sind Teil- oder Vollzeitfischer. 2000 weitere Insulaner verdienen ihren Lebensunterhalt in Athen und Piräus; viele von ihnen kehren nur in den Sommerferien auf ihre Heimatinsel zurück.

Das Inselleben spielt sich vor allem am Hafen mit seinen Ouzerien, Tavernen und Kaffeehäusern ab. Die Gassen im Dorf sind nur teilweise asphaltiert oder gepflastert; Alt- und Neubauten stehen beziehungslos nebeneinander. Kleine Sandstrände findet man im Ortsbereich – die langen, feinsandigen Traumstrände der Insel sind jedoch 4 km entfernt. Im Sommer fährt man mit kleinen Booten hin; eine Straße zu den Stränden ist geplant.

Direkt am Wasser wohnen Sie im *Hotel Elafónissos (11 Zi., Tel. 27 34 06 12 68, Fax 27 34 06 11 89, hotelelafonissos@netscape.net,* €€*).* Gut essen kann man in der *Taverne Dagiandás* (€) am Hafenausgang, wo die Tische direkt auf dem Kieselsteinstrand stehen.

SPARTA

Karte auf Seite 121

[119 D3] Sparta, die Hauptstadt Lakoniens, war in der Antike der Gegenspieler Athens. Während sich in Athen eine lebensfrohe Demokratie entwickelte, die große Philosophen und Dichter hervorbrachte, blieb Sparta bis zum Ende seiner Selbstständigkeit im 2. Jh. v. Chr. ein von wenigen Adelsgeschlechtern regierter Militärstaat. Spartanische Lebens- und lakonische Ausdrucksweise sind sprichwörtlich geworden.

Vom berühmten Sparta blieben nur wenige Ruinen erhalten. Im

Spartanische Blutsuppe

Schreckliche Zeiten für Jungen

Der Lebensinhalt der Spartaner war der Krieg. Schon mit sieben Jahren wurden die Söhne ihren Müttern entzogen, um sie für den Kriegsdienst heranzubilden. Die Jungen nahmen alle Mahlzeiten gemeinsam ein. Das Lieblingsgericht der antiken Spartaner war Schwarze Suppe. Sie bestand aus sehr scharf gewürztem Schweineragout, Essig, Salz und Schweineblut. Heute wird sie in Sparta nirgends mehr serviert.

Mittelalter wurde Sparta ganz aufgegeben; seine Bewohner siedelten im 13. Jh. aus der Ebene auf den Felsen von Mistrás um. Erst 1834 wurde Sparta an alter Stelle neu gegründet. Die Stadt (14 800 Ew.) mit ihrem fast rechtwinkligen Straßennetz ist an sich wenig reizvoll – aber der Blick von den Ausgrabungen aus ist großartig: Sparta ist in ein grünes Tal aus Öl- und Orangenbäumen gebettet. Im Hintergrund ragt der Burgberg von Mistrás vor dem Taigéttosgebirge auf, dessen Gipfel in den meisten Jahren noch bis in den Mai hinein schneebedeckt sind.

SEHENSWERTES

Akrópolis

Am schönsten ist Sparta auf dem Akrópolis-Hügel. Antike Steine und Säulen liegen verstreut unter hoch gewachsenen Eukalyptus- und knorrigen Ölbäumen. Man sieht die Überreste der spätrömisch-byzantinischen Stadtmauer, einer frühchristlichen Basilika und eines römischen Theaters. Der kurze Weg auf die Akrópolis beginnt an der Nordwestecke des modernen Stadions. *Frei zugänglich*

MUSEEN

Archäologisches Museum

Der klassizistische Museumsbau liegt in einem schönen Park unmittelbar im Zentrum. Wertvollste Exponate sind zwölf römische Mosaike, archaische Stelen und das antike Tonmodell einer Kriegsgaleere mit Rammsporn. *Odós Evrótas (am Hotel Maniátis), Di–So 8.30–15 Uhr, Eintritt 2 Euro*

Oliven- und Olivenölmuseum Insider Tipp

Die hochmodern präsentierte Ausstellung in einem Elektrizitätswerk von 1928 zeigt viel rund um den Olivenanbau und die Olivenverarbeitung. Erklärungen gibt es nur auf Griechisch und Englisch. Kleiner Museumsladen. *Odós Othónos-Amalías 129, Mi–Mo 10–16 Uhr, Eintritt 2 Euro, www.piop.gr*

ESSEN & TRINKEN

Diethnés

Einfaches, aber gepflegtes Restaurant mit großer Auswahl auch an Gemüsegerichten und griechischen Kuchen. Angenehm sitzt man im schönen Garten. *Odós K. Paleológu 105, €*

Zeus
Minimalistisch-modern eingerichtetes Restaurant im Hotel Maniátis, klassische griechische und internationale Küche. *Odós K. Paleológu 72,* €€€

ÜBERNACHTEN

Apóllon
Einfaches, relativ preiswertes Haus in Zentrumsnähe. *47 Zi., Odós Thermopílon/Ecke Odós K. Paleológu, Tel. 27 31 02 24 91, Fax 27 31 02 39 36,* €

Lída
Das beste Hotel Spartas, relativ ruhig nahe der Straße vom Stadtzentrum nach Mistrás gelegen. *40 Zi., Odós Likúrgu, Tel. 27 31 02 36 01, Fax 27 31 02 44 93,* €€

Meneláion
Hotel in einem neoklassizistischen Gebäude von 1935, sehr gutes Preis-Leistungs-Verhältnis. Pool. *51 Zi., Odós K. Paleológu 91, Tel. 27 31 02 21 61, Fax 27 31 02 63 32, www.menelaion.com,* €€€

ZIELE IN DER UMGEBUNG

Amíkle **[119 D3]**
Der kurze 8-km-Abstecher nach Amíkle ist vor allem wegen des schönen Blicks über die grüne Ebene von Sparta und auf das Taigéttosgebirge lohnend. Vom *Apollonthron (frei zugänglich)*, der um 520 v. Chr. von den Spartanern auf diesem Hügelchen errichtet wurde, ist fast nichts mehr zu sehen.

Geráki (Jerakion) **[119 E3]**
Das heutige Dorf Geráki (1350 Ew.) mit seiner schönen, kleinen Platía liegt 35 km südöstlich an einem Hügel, von dem aus man gegenüber auf einem anderen Hügel die Ruinen der byzantinischen Stadt Geráki erkennt. Dort kann man an

An einem steilen Berghang über der Ebene von Sparta liegen die Ruinen der alten byzantinischen Stadt Mistrás

dachlosen Kirchen und Hausresten vorbei zur *Ruine einer fränkischen Burg (Di–So 8.30–15 Uhr, Eintritt frei)* hinaufwandern.

Mistrás **[118 C3]**

Karte auf Seite 123

★ Landschafts- und Kunstgenuss, Besichtigungen und Wanderungen lassen sich im 5 km westlich von Sparta gelegenen *Mistrás (Mai–Okt. tgl. 8–19, Nov.–April 8–17 Uhr, Eintritt 5 Euro)* harmonisch verbinden. Die byzantinische Metropole des Peloponnes liegt am Hang eines steilen Bergs am Rand der Ebene von Sparta. Auf seinem Gipfel hatten fränkische Kreuzritter 1249 eine Burg angelegt, die die Byzantiner 1262 eroberten. Sie gründeten die Stadt zu ihren Füßen, die um 1700 noch 42 000 Ew. hatte und um 1800 immerhin noch 16 000. Heute sind die meisten Wohnhäuser verschwunden, die *Burg* und die *Paläste* der byzantinischen Fürsten sind Ruinen. Gut erhalten blieben die vielen *Kirchen* und *Klöster*.

Zwischen dem oberen und dem unteren Eingang zu Mistrás liegen 300 steile Höhenmeter. Wer den Aufstieg scheut, fährt mit einem Taxi zum oberen Eingang und kann dann zum unteren zurücklaufen. Eine Besichtigung dauert mindestens drei Stunden; Trinkwasser mitzunehmen ist empfehlenswert. Pfade und Sehenswürdigkeiten sind gut ausgeschildert. Im Folgenden wird ein Rundgang beschrieben, der am unteren Eingang beginnt und endet:

Die *Metrópolis* war die Bischofskirche der Stadt und schließt an den ehemaligen Bischofspalast an. Man betritt sie von einem arkadengesäumten Innenhof aus. Die Fresken in der Kirche sind besonders gut erhalten. *Agíi Theodóroi Hodeghétria* beeindruckt durch ihr schönes Mauerwerk und die große Kuppel. Innen deutlich zu erkennen sind die Fürstenloge und die Emporen an den Längsseiten, die den Frauen vorbehalten waren. Als *Palaces* wird das Ensemble der mächtigen Palastruine bezeichnet, in der die Fürsten von Mistrás residierten. *Agía Sophía* aus dem 14. Jh. war Kloster- und Palastkirche zugleich. In türkischer Zeit diente sie als Moschee.

Das *Pantanássa-Kloster* wird immer noch von Nonnen bewohnt. Im blumenreichen Innenhof steht ein Trinkwasserbrunnen. Die Fresken stammen im unteren Teil aus dem 17./18. Jh., im oberen Teil aus dem 15. Jh. Als *Phrangópoulos Mansion* ist die Ruine eines stattlichen Hauses gekennzeichnet, das eine Vorstellung vom Wohnen der Wohlhabenden im 15. Jh. vermittelt. Das *Peribléptos-Kloster* stand auf mehreren Geländeebenen. Die *Kirche* ist ein verwinkelter Bau mit gut erhaltenen Fresken aus dem 14. Jh. Die *Kapelle Ágios Geórgios* ist eine der vielen Privatkapellen der Stadt. Schön ist der zierliche, *Narthex* genannte Vorbau an der Südseite.

Im heutigen Dorf Mistrás können Sie im Sommerhalbjahr auch übernachten: im *Hotel Byzántion (22 Zi., Tel. 27 31 08 33 09, Fax 27 31 02 00 19, byzanhtl@otenet.gr, €€)* an der kleinen Platía. Abends sitzen motorisierte Urlauber besonders schön im *Mystras Bistrot* (€€) im Nachbardorf *Pikouliánika*. Linienbusse verbinden Mistrás tagsüber mit Sparta.

Insider Tipp

Traumstraßen unter südlicher Sonne

Die Touren sind in der Karte auf dem hinteren Umschlag und im Reiseatlas ab Seite 114 grün markiert

1 DIE KLASSISCHE RUNDREISE

Wer den Peloponnes zum ersten Mal besucht, will Orte mit berühmten Namen sehen. Diese mindestens sechstägige Rundreise führt Sie zu den wichtigsten klassischen Zielen und lässt Sie zudem noch einige der schönsten Strände und Landschaften erleben. Länge der Rundfahrt ab und bis Korinth ca. 850 km.

Erstes Besichtigungsziel sind gleich ab 8 Uhr die Ausgrabungen und das Museum von *Alt-Korinth (S. 28)*. Danach können Sie zur Festung *Akrokorinth (S. 28)* hinauffahren, von der aus Sie einen prächtigen Blick über den Korinthischen und den Saronischen Golf genießen.

Nicht auf der Autobahn, sondern auf der alten Landstraße geht es weiter nach *Mykene (S. 50)*, wo Sie gegen Mittag eintreffen sollten. Nach der Besichtigung der Burg, der Kuppelgräber und des Museums können Sie in einer der vielen einfachen Tavernen von Mykene ein schnelles Mittagessen einnehmen, bevor Sie über *Árgos (S. 43)* nach *Tiryns (S. 53)* weiterfahren. Auch wenn die Ausgrabungen vielleicht schon geschlossen sind, beeindruckt der Anblick der gewaltigen Burgmauern. Ständig frei zugänglich ist ein 1600 m von der Burg entferntes, sehr gut erhaltenes mykenisches Kuppelgrab, das idyllisch in einem Orangenhain liegt. Vom Eingang zur Burg führt ein brauner Wegweiser mit der Aufschrift »Tholos Tomb of Tiryns« hin.

Tagesziel ist das schöne *Nauplia (S. 39)*, für dessen Erkundung jetzt noch genügend Zeit bleibt. Die Museen und die Burg müssen Sie sich allerdings für den nächsten Morgen aufheben.

Von Nauplia aus unternehmen Sie am zweiten Reisetag zunächst einen Abstecher zu den Ausgrabungen von *Epidauros (S. 45)* mit seinem einzigartigen Theater. Über Nauplia und *Árgos (S. 43)* geht es anschließend weiter nach *Kefalári*, Insider Tipp einem bisher fast nur Griechen bekannten Ausflugsziel. Kräftige Quellen im Boden und in einer Felswand speisen hier einen Quellteich.

Langádia liegt an einem sehr steilen Berghang

Eine große Höhle ist wegen ihrer Kreuzform in eine Kirche verwandelt worden. Schattige Tavernen laden zu einer Pause ein.

Über *Lérna (S. 48)* mit seinen jungsteinzeitlichen Hausruinen geht es dann in die Berge hinauf und hinüber nach *Trípoli (S. 63)*, der Hauptstadt Arkadiens. Fahren Sie gar nicht erst in die wenig bietende Innenstadt hinein, sondern gleich weiter in Richtung *Sparta (S. 84)*. Bei genügend Zeit lohnt ein kurzer Abstecher zum antiken Tempel von *Tegéa (S. 68)* im heutigen Dorf *Aléa*.

Der Vormittag des dritten Tages gehört dem Museum von Spárta und der mittelalterlichen Stadt *Mistrás (S. 87)*. Danach durchqueren Sie auf kurvenreicher Strecke das wilde *Taigéttosgebirge* und kommen nach *Kalamáta (S. 75)* am Messenischen Golf. Hier können Sie in einer der vielen guten Tavernen direkt am Meer essen, bevor es weitergeht in die kleinen Küstenstädtchen *Koróni (S. 79)*, *Methóni (S. 80)* und *Pílos (S. 81)*. Da ist sicher auch Zeit für ein Stündchen irgendwo am Strand.

Am vierten Tag können Sie morgens zunächst eine Bootsfahrt zur Insel *Sfaktería (S. 81)* unternehmen, zur Höhle des Nestor wandern oder an der *Voidokiliábucht (S. 81)* baden. Der *Palast des Nestor* und das Museum von *Chóra (S. 77)* versetzen Sie dann in die mykenische Zeit, bevor Sie durch unendlich erscheinende Olivenhaine wieder ans Ionische Meer kommen. In *Kiparíssia* kann man gut am Ufer zu Mittag essen. Das Tagesziel heißt heute *Olympia (S. 55)*.

Den Vormittag des fünften Reisetags werden Sie sicherlich den Ausgrabungen und Museen widmen wollen. Danach wartet die grandiose Bergwelt des Peloponnes auf Sie! Über *Langádia (S. 67)* steigt die Straße bis auf 1135 m Höhe an. *Dimitsána (S. 65)* lohnt ebenso einen Abstecher wie *Vitína (S. 69)*, wo Sie besonders gut Käse, Nudeln und Holzschnitzereien einkaufen können. Am bis zu 2341 m hohen *Aroaníagebirge* entlang geht es dann weiter nach *Kalávrita (S. 36)*. Gourmets machen unterwegs einen Abstecher nach *Planitéro*, wo in einem der größten Platanenwälder Griechenlands die Bäume von der Forstverwaltung mit Nummerntäfelchen gekennzeichnet wurden und die servierten Forellen besonders gut schmecken. Insi Tip

Wenn irgend möglich, sollten Sie sich am nächsten Vormittag eine Fahrt mit der Zahnradbahn nach *Diakoptó (S. 36, Abfahrt 9.15 Uhr, Rückkehr 11.35 Uhr)* gönnen. Danach können Sie in *Kalávrita* zu Mittag essen, bevor Sie über das Kloster *Méga Spíleon (S. 37)* an den Golf von Korinth gelangen. Über die Schnellstraße können Sie nun nach Korinth zurückfahren.

2 PELOPONNES FÜR KENNER

Eine von Ausländern nur sehr selten befahrene Traumstraße des Peloponnes führt von Korinth durch die Bergwelt nach Dervéni am Korinthischen Golf. Man kann die Strecke an einem Tag zurücklegen; besser lässt man sich aber zwei Tage Zeit und übernachtet unterwegs am Stymphalischen See. Länge der Strecke von Korinth bis Dervéni ca. 150 km.

Das in atemraubender Lage gleichsam an den Fels geklebte Mönchskloster Méga Spíleon ist letzte Etappe der großen Peloponnesrundfahrt

Verlassen Sie Alt-Korinth nicht auf der Autobahn Richtung Trípoli, sondern benutzen Sie lieber die alte Landstraße Richtung Árgos. Von ihr können Sie in *Dervenákia* nach *Neméa (S. 32)* abzweigen. Museum, Stadion und Zeus-Heiligtum sind unbedingt sehenswert. Der Zeus-Tempel im Heiligtum wird seit Juli 1999 in griechisch-amerikanischer Zusammenarbeit sorgfältig wieder aufgebaut und wird in 20 Jahren vielleicht einmal zu den größten Attraktionen Griechenlands gehören. Auch der Besuch einer Weinkellerei sollte auf Ihrem Programm stehen. Zum Mittagessen lädt wenig später direkt an der Straße die *Taverne Pisína* mit großem Swimmingpool und Kinderplantschbecken ein. Kurz darauf lohnt ein Stopp an der Avin-Tankstelle: Sie ist zugleich Weinkellerei. Während der Tankwart für Nachschub an Benzin sorgt, können Sie sich hier ein Fläschchen Wein abfüllen lassen. Insider Tipp

Von Neméa fahren Sie zunächst auf der Straße Richtung Kandíla weiter. Nach 22 km gilt es gut aufzupassen: Hier zweigt nach rechts hinten die schlecht beschilderte Straße zum *Stymphalischen See* ab. Sie überwindet eine Bergkette und bietet schließlich einen grandiosen Blick in das Hochtal von *Stimfalía (S. 33)*, wo man gut essen und übernachten kann. Die Stille des Ortes wussten vor über 700 Jahren auch schon katholische Zisterziensermönche zu schätzen. Die eindrucksvollen, frei zugänglichen Ruinen ihres Klosters stehen am westlichen Ortsrand links der Straße.

Durch stille Bergdörfer wie *Kastaniá* geht es dann zunächst bis auf über 1100 m Höhe hinauf, bevor sich die Straße in das völlig weltabgeschiedene, ringsum von hohen Bergen umschlossene Tal von *Feneós* hinabsenkt. Im Ort Feneós lohnt das *Archäologische Museum (leider nur unregelmäßig geöffnet)* einen Besuch. Anschließend steigt die Straße wieder auf über 1200 m Höhe an, bis plötzlich tief unten der Korinthische Golf mit seiner schmalen, üppiggrünen Küstenebene in Sicht kommt. Kurvenreich geht es nun noch fast eine Stunde lang bergab bis *Dervéni.*

3 ZWEI TAGE IN DER MÁNI

Die Máni ist mit ihren Dörfern und Kirchen eine der ungewöhnlichsten Kulturlandschaften Europas. Man kann hier gut einen ganzen Urlaub verbringen. Zwei Tage benötigt man aber mindestens, wenn man sich einen Eindruck von dieser einzigartigen Region verschaffen will. Übernachtungsmöglichkeiten gibt es in vielen Orten. Ausgangspunkt dieser Tour ist Gíthion am Lakonischen Golf, Endpunkt Kalamáta am Messenischen Golf. Länge der Strecke ca. 200 km.

11 km hinter Gíthion passiert die Straße Richtung Areópolis die kleine Festung *Passávas.* Sie war der letzte Außenposten der Türken gegen die Máni, die sie nie bezwingen konnten. Kurz darauf sehen Sie an den Berghängen bereits die ersten maniotischen Dörfer mit ihren typischen Wohn- und Wehrtürmen. Dann ist *Areópolis (S. 71)* erreicht, die winzige Hauptstadt der Máni. Falls Sie hier übernachten wollen, reservieren Sie am besten schon am Morgen ein Zimmer, um dann nach dem ersten Teil der Rundfahrt abends nicht mehr auf Suche gehen zu müssen.

7 km hinter Areópolis zweigt in *Pírgos Dirú (S. 74)* eine Stichstraße zu den gleichnamigen Tropfsteinhöhlen ab. Für deren Besuch sollten Sie inklusive Wartezeit mindestens zwei Stunden einkalkulieren.

Links und rechts der Hauptstraße Richtung Süden liegen nun zahlreiche maniotische Wehrdörfer. Um mehr von ihnen zu sehen, verlassen Sie die Hauptstraße am besten ca. 1,5 km hinter *Triandafilliá* und fahren über eine Nebenstraße durch *Drímalos, Vámvaka* und *Príki* nach *Mína,* wo Sie dann wieder auf die Hauptstraße zurückkehren können. Sogleich lohnt ein Abstecher in das winzige Küstendorf *Mézapos.* Mangels eines guten Hafens hängen hier die Fischerboote zum Teil an Kränen auf den Küstenfelsen und werden nur bei Bedarf zu Wasser gelassen.

An der Hauptstraße folgt *Kíta,* ein Dorf mit besonders vielen Wohn- und Wehrtürmen. Noch 1870 bekämpften sich hier zwei Familienclans so lange und heftig, dass schließlich die griechische Armee eingreifen und die Streitparteien per Kanonenschuss zum Friedensschluss zwingen musste.

Geroliménas (S. 73) gilt als bester Hafen der Máni. Ein viel schönerer Ort für eine Mittagspause und vielleicht auch ein kurzes Bad ist jedoch *Pórto Kágio.* Auf der Fahrt dorthin kommen Sie an *Váthia (S. 75)* vorbei, wo Wehrtürme zu Pensionen umgestaltet wurden.

Nun geht es auf die Hauptstraße zurück und weiter an den Lakonischen Golf. Besonders schöne

Per Boot können Sie die Tropfsteinhöhle Pírgos Dirú kennen lernen

Dörfer sind hier *Nífi* und *Flomochóri.* Schließlich erreichen Sie wieder *Areópolis* mit seinen kleinen Kirchen, Tavernen und schönen Pensionen in historischen Wehrtürmen.

Standen am ersten Tag der Máni-Rundreise die Dörfer und ihre besondere Architektur im Mittelpunkt, sind es am zweiten Tag Kirchen und Strände.

Von Areópolis aus windet sich die Straße zunächst zur Bucht von *Liméni* hinunter. Hier steht noch das Geburtshaus des Pétrobey Mavromichális, dessen Denkmal Sie sicher in Areópolis gesehen haben. Es hat den für große Máni-Häuser typischen Aufbau und besteht aus einem hohen Wehrturm für Kriegs-, einem lang gestreckten Wohnhaus für Friedenszeiten und einer niedrigen Vorhalle für das Vieh.

Auf der anderen Seite der Bucht steigt die Straße wieder bergan. Nach ca. 1,5 km markiert ein Wegweiser die Abzweigung zur Klosterkirche *Dekúlu,* die im 18. Jh. vollständig mit einer Vielzahl figurenreicher Fresken ausgemalt wurde (die Schlüsselverwahrerin wohnt im Kloster).

Vorbei am großen Dorf *Ítilo* geht es nun weiter nach *Thalámai (S. 75)* mit seinem schönen Brunnenhaus am Dorfplatz, gut ausgeschilderten byzantinischen Kirchlein und einem leider nur sporadisch geöffneten *Museum der Máni.* Auf der Weiterfahrt lohnt ein kurzer Abstecher in den gar nicht mediterran, sondern eher nordatlantisch wirkenden Küstenort *Ágios Nikólaos.* Zum Baden viel besser geeignet ist allerdings der Nachbarort *Stúpa (S. 75)* mit seinen schönen Sandstränden. Wer Kies bevorzugt, legt eine Badepause in *Kardámili (S. 74)* ein. Von dort sind es dann noch 37 landschaftlich sehr schöne Kilometer bis nach *Kalamáta (S. 75).*

GUN

Von Angeln bis Wintersport

Die besten Plätze für Ihren Lieblingssport und ausgefallene Unternehmungen

Das organisierte Sportangebot auf dem Peloponnes ist klein. Es ist fast immer an die wenigen Großhotels im Nordwesten und auf der Argolischen Halbinsel gebunden. Aktivitäten im Binnenland werden hauptsächlich für griechische Urlauber organisiert. Ausländer können zwar mitmachen, bekommen Informationen aber meist nur auf Griechisch.

ANGELN

Schnur und Haken bekommen Sie in jedem Küstenort am Kiosk oder im Supermarkt. Brot reicht oft schon als Köder aus. Im Meer zu angeln ist ohne Einschränkungen erlaubt.

BUNGEE

Bungeesprünge von der Straßenbrücke über den Kanal von Korinth bietet *Zulubungy* an. *Juni–Sept. tgl., Okt.–Mai Sa/So, meist 11–18 Uhr, ca. 50 Euro/Sprung, Station am Festlandsufer der Brücke, Tel. 26 10 62 18 65, www.zulubungy.com*

Die Infrastruktur für Windsurfer ist an vielen Küstenorten des Peloponnes noch ausbaufähig

CLUBURLAUB

Von den großen deutschen Clubreiseveranstaltern ist nur Robinson auf dem Peloponnes mit einem Clubdorf bei Lutrá Killínis vertreten *(www.robinson.de)*. Französisch sprechende Urlauber können aber auch das Angebot des französischen Clubs Lookea prüfen, der ein Clubhotel mit großem Sport- und Animationsangebot in Kalógria betreibt *(www.exitravel.com)*.

KLETTERN

Der beste Ort für Rockclimber ist Kalógria, wo sie ein gut ausgebautes Revier mit über 80 Routen von 15 bis 60 m Länge finden. Informationen auf der Website *www.oreivatein.com/climb/rock/e_kalogria.htm*

MOTORBOOTE

Für Motorboote bis zu 25 PS braucht man in Griechenland keinen Führerschein. Einen Motorbootverleih gibt es in der Argolis *(Telis Motorboats, Tolón, Barbaressa Jetty, Tel. 27 52 05 90 38)* und in Pílos in Messenien *(Club Boats, am Hafen, Tel. 27 23 02 31 55, www.pylos-nestor.com)*.

MOUNTAINBIKING

Der Peloponnes ist mit seinen vielen wenig befahrenen Asphaltstraßen, unbefestigten Feldwegen und Gebirgspfaden ein ideales Revier für Biker. Am besten bringen Sie jedoch Ihr eigenes Rad mit, da es außer im *Hotel Aldemar Olympian Village* in *Skafídia (Tel. 26 21 08 20 00, www.aldemarhotels.com)* keinen professionellen Verleiher gibt.

OUTDOOR-AKTIVITÄTEN

Zwei griechische Outdoor-Spezialreiseveranstalter in Athen bieten Aktivwochen u. a. mit Reiten, Kajakfahren, Trekking und Geländewagentouren an. Über das Programm informieren Sie *Adrenaline (Odós Solónos 20, 17673 Athen-Kallithéa, Tel. 21 09 40 16 16, www.adrenaline.gr)* und *Trekking Hellas (Odós Filéllinon 7, 10557 Athen, Tel. 21 03 31 03 23, www.trekking.gr).*

REITEN

Die Schweizerin Iris Bahlinger führt in *Chráni* bei Koróni einen Pferdehof mit vier Kleinpferden, einer Warmblutstute und einem Pony. Sie bietet Ausritte und Tagestouren, Reitunterricht und heilpädagogisches Reiten an, außerdem Quartier (€) auf dem Reiterhof *(Ausritt 1 Std. 12,50 Euro, ganztägige Tour inkl. Verpflegung 50 Euro, Chráni, Tel. 27 22 03 18 52, www.peripetia.de).* Ausritte bietet auch *Marlis Stubenrauch* in *Koróni (Tel. 27 25 05 14 82)* an.

TAUCHEN

Gerätetauchen ist in Griechenland nur in wenigen, von den Archäologen des Landes dafür freigegebenen Revieren zulässig, weil sie fürchten, Taucher könnten antike Funde vom Meeresgrund mitgehen lassen. Von Mai bis September bietet *Jánnis Alexákis* Tauchkurse für Erwachsene und Kinder an: *Greek Diving Center, Pórto Héli, Mobiltel. 69 44 75 29 71, Fax 27 54 05 20 16, www.greekdivingcenter.com).*

WANDERN

Der Peloponnes ist mit seinen vielen Gebirgen, einsamen Landstrichen und abwechslungsreichen Küsten ein ideales Wanderrevier. Brauchbare, wenn auch nicht immer ganz zuverlässige Wanderkarten finden Sie in den Buchhandlungen vor Ort.

Ein besonders gut ausgeschildertes Wegenetz ist im *Lúsiostal* bei Dimitsána geschaffen worden. Quer über den ganzen Peloponnes führt der ebenfalls gut markierte Europäische Fernwanderweg E4. Er beginnt in der Hafenstadt *Égion* östlich von Patras und führt in etwa 100 Wanderstunden über *Kalávrita, Vitína, Trípoli* und *Sparta* bis nach *Gíthion* (englischsprachige Infos unter *www.oreivatein.gr).*

Geführte Wanderreisen auf dem Peloponnes bieten u. a. *Studiosus (www.studiosus.com),* die *Alpinschule Innsbruck (www.asi.at), skr-Reisen (www.skr.de)* und *Wikinger-Reisen (www.wikinger.de)* an. Deren Kataloge bekommen Sie im Reisebüro.

Beim Wandern sollten Sie immer festes Schuhwerk und lange Hosen tragen. Die Pfade führen oft durch stachelige Macchia, und Sie können auf giftige Schlangen treffen, die allerdings normalerweise rasch flüchten. Wasserflasche und Kopfbedeckung sind ebenfalls wichtig.

Der landschaftlich abwechslungsreiche Peloponnes ist ein tolles Wanderziel

WASSERSPORT

In Anbetracht der vielen Strände des Peloponnes ist das Angebot an gut ausgestatteten Wassersportstationen wirklich dürftig. Für Könner und Anfänger empfehlenswert sind *Alpha Watersports Klaus-M. Lahkamp (Finikúnda, Tel. 27 23 07 11 33, www.alpha-watersports.de)*, nur Windsurfing, und *Porto Heli Water Sports (Pórto Héli, vor dem Hotel AKS Pórto Héli, Tel. 27 45 05 16 86)*, Windsurfing, Katamaran- und Jollensegeln, Parasailing, Wasserski, Funsport. Ein reiner Ausrüstungsverleih ist *Kalógria Water Sports (am Strand vor dem Hotel Kalogria Beach, kein Tel.)*.

WELLNESS

Für einen Wellnessurlaub ist das *Grecotel Olympia Riviera Thalasso (Tel. 26 23 06 44 00, Fax 26 23 06 44 55, www.grecotel.gr)* in Lutrá Killínis die beste Adresse. Zum Spakomplex gehören u. a. Sauna, Dampfbad, Hamam, 16 Massageräume, Kinesitherapiepool und Fitnesszentrum.

WINTERSPORT

Auf dem Peloponnes gibt es zwei Wintersportgebiete. Skier können Sie dort ausleihen. Das Revier am *Chélmos* bei *Kalávrita* ist von Weihnachten bis Ende März absolut schneesicher, am *Menalón bei Trípoli* gibt es in dieser Zeit meist ebenfalls ausreichend Schnee. Das Skigebiet am Chélmos liegt zwischen 1650 und 2340 m hoch, verfügt über acht Lifte, elf markierte Pisten, eine präparierte Loipe, Schneemobilverleih und Jausenstation. Die längste Abfahrt misst 3200 m und überwindet 640 Höhenmeter *(Kalavryta Ski Centre, Tel. 26 92 02 44 51, Fax 26 92 02 44 53, www.kalavrita-ski.com)*. Das Skigebiet am Menalón liegt zwischen 1600 und 1980 m hoch und ist sehr viel einfacher. Hier gibt es drei Lifte, 6 km Pisten sowie eine Jausenstation.

Insider Tipp

Kinder sind überall willkommen

Griechen sind außerordentlich kinderlieb, aber besondere Angebote machen sie kleinen Gästen auf dem Peloponnes nicht

Außer einem Spielplatz, den fast jedes Dorf besitzt und der auf Griechsich *paidiká chará* (Kinderfreude) heißt, gibt es auf dem Peloponnes kein einziges Freizeitangebot, das sich speziell an Kinder richtet. Man lässt sie ganz einfach an fast allem teilhaben, was Erwachsenen Freude macht, und regt sich nicht darüber auf, wenn sie kindgemäß laut sind. Griechische Kinder sind auch um Mitternacht noch mit ihren Eltern in der Taverne oder spielen vor der Dorfkirche Fußball.

Kinderhochstühle gibt es nur in wenigen Restaurants und in den Tavernen, wo die Wirte selbst gerade kleine Kinder oder Enkelkinder haben. Spezielle Kindermenüs sind fast nirgends zu finden. Sie sind bei den griechischen Essgewohnheiten auch nicht nötig, denn jeder isst ja ohnehin von allem, was auf den Tisch kommt.

Babybetten im Zimmer sollte man frühzeitig im Voraus bestellen, um dem Wirt Gelegenheit zu geben, im Bekannten- und Verwandtenkreis eins aufzutreiben. Auch Kindersitze für Mietwagen sollte man im Voraus reservieren. Frische Milch, Babynahrung und Windeln sind in großen Supermärkten zu finden, im Notfall kauft man Brei und Windeln auch teuer in Apotheken.

Da griechische Ärzte oft schon bei leichten Infektionen Antibiotika verschreiben, nehmen Sie Ihre bewährten Hausmittel am besten mit.

In vielen antiken Stätten und mittelalterlichen Burgen können Kinder und Erwachsene nach Herzenslust herumkraxeln, ohne dass sie von haftpflichtbewussten Wärtern zurückgepfiffen werden. Sicherheitsvorrichtungen wie Zäune und Geländer fehlen aber nahezu völlig – man sollte die Kleinen gut im Auge behalten, denn manche ihrer Exkursionen auf eigene Faust können gefährlich werden.

Zu den größten Erlebnissen während eines Urlaubs auf dem Peloponnes dürften für Kinder eine Bootsfahrt durch die *Tropfsteinhöhle von Pírgos Dirú (S. 74)* und durch den *Kanal von Korinth (S. 95)* gehören, eine Fahrt mit der Zahnradbahn von *Diakoptó* nach *Kalávrita (S. 36)* und ein Wettlauf mit den Eltern im antiken Stadion von *Olympia (S. 55)* oder *Neméa (S. 32)*.

Kinder finden fast immer etwas, was sie fasziniert

Angesagt!

Was Sie wissen sollten über Trends, die Szene und Kuriositäten auf dem Peloponnes

Neue Genüsse
Immer mehr Griechen machen Wochenendurlaub im eigenen Land und wollen dabei die weite Welt in Hotels und Restaurants entdecken. Einen Whirlpool hat kaum einer im eigenen Haus. Deswegen sind Unterkünfte begehrt, die in Bade- oder gar Schlafzimmern große Wannen mit Massagedüsen haben, Jacuzzi genannt. Gefragt sind auch exotische Genüsse: Straußen-, Känguruh- und Krokodilsteaks stehen – oft nur am Wochenende – auf immer mehr Speisekarten.

Geschmackssache
Künstliche Aromen sind auch in Hellas megain. Der Ouzo, den die Alten tranken, war noch mit echtem Anis gewürzt. Bei jungen Leuten, die europäisch sein wollen, sind Tees und heiße Schokolade mit ausgefallenen künstlichen Aromen von Rhabarber bis Mango gefragt.

Griechenrock
Junge Griechen mögen zwar angloamerikanische Musik, schätzen jedoch die eigenen Rocker und Rapper viel mehr. Wer sich in Hellas über die aktuelle Musikszene und die Interpreten informieren will, geht unter *www.mad.tv* ins Internet: Da sind viele Songs zu hören und downloadbereit.

Ellinádika
Diskotheken sind bei vielen jungen Griechen out. Sie gehen lieber in die *ellinádika,* also in Musiklokale, die ausschließlich junge griechische Musik spielen. Oft kommen da auch wieder uralte griechische Traditionen ans Licht: Während man früher vor befreundeten Tänzern Porzellan auf der Tanzfläche zerbrach, streut man heute Hunderte von Serviettenschnipseln über sie. So tanzen sie dann zwar nicht unbedingt auf Wolke Sieben, aber auf einem Bett aus weichem Papier.

Távli, Scrabble & Co.
Die Jugend spielt zwar auch nach wie vor das traditionelle, dem Backgammon ähnliche griechische Távli, aber in Cafés stehen zunehmend auch internationale Gesellschaftsspiele bereit. Als Ausländer muss man sich ja nicht gleich auf ein griechisches Scrabble einlassen …

Von Anreise bis Zoll

Hier finden Sie kurz gefasst die wichtigsten Adressen und Informationen für Ihre Peloponnesreise

ANREISE

Flugzeug

Die Flughäfen von Áraxos und Kalamáta werden zwischen Mai und Oktober von mehreren deutschen Flughäfen aus angeflogen. Innergriechische Flugverbindungen zu diesen Flughäfen gibt es nicht. Von beiden Flughäfen aus kommt man nur mit dem Taxi weiter. Ganzjährig erreicht man den Peloponnes über Athen. Per Mietwagen oder Taxi gelangt man von dort in einer guten Stunde über die Autobahn nach Korinth; außerdem gibt es dorthin Bahnverbindungen mit der *proastikó* genannten Vorortbahn.

Schiff

Autofähren verbinden Patras mit zahlreichen Adriahäfen Italiens. Die Fahrzeit nach Bari beträgt 15 Std., nach Ancona 19 Std., nach Vendig 27 Std. Infos in Reisebüros, bei den Automobilclubs oder unter *www.seereisenportal.de.*

AUSKUNFT

Griechische Zentrale für Fremdenverkehr

– *Neue Mainzer Str. 22, 60311 Frankfurt, Tel. 069/23 65 61, Fax 23 65 76*
– *Wittenbergplatz 3 a, 10789 Berlin, Tel. 030/217 62 62, Fax 217 79 65*
– *Pacellistr. 2, 80333 München, Tel. 089/22 20 35, Fax 29 70 58*
– *Opernring 8, 1010 Wien, Tel. 01/512 53 17, Fax 513 91 89*
– *Löwenstr. 25, 8001 Zürich, Tel. 01/221 01 05, Fax 212 05 16*
– *www.eot.gr*

Vor Ort gibt es bedauerlicherweise nur in wenigen größeren Städten eine Touristeninformation

AUTO

Es reicht der nationale Führerschein. Die Mitnahme der internationalen grünen Versicherungskarte ist empfehlenswert, aber nicht Pflicht. Das Tankstellennetz ist dicht, bleifreies Benzin überall erhältlich. Höchstgeschwindigkeit: innerorts 50, auf Landstraßen 90, auf Schnellstraßen 110, auf Autobahnen 120 km/h. Es gibt zahlreiche Radarkontrollen und hohe Geldstrafen bei Geschwindigkeitsüberschreitungen! Promillegrenze: 0,25, für Motorradfahrer 0,1. *ADAC-Notruf* in *Athen Tel. 21 07 77 56 44.* Pannenhilfe des griechischen Automobilclubs *ELPA* unter *Tel. 104.*

CAMPING

Wildes Zelten ist verboten. Eine Liste aller Campingplätze bekommen

Sie von der Griechischen Zentrale für Fremdenverkehr.

DIPLOMATISCHE VERTRETUNGEN

Deutsche Botschaft
Odós Karaolí-Dimitríu 3, Athen, Tel. 21 07 28 51 11

Österreichische Botschaft
Leofóros Vas. Sofías 4, Athen, Tel. 21 07 25 72 70

Schweizer Botschaft
Odós Jassíu 2, Athen, Tel. 21 07 23 03 64

EINREISE

Zur Einreise brauchen Sie einen gültigen Personalausweis oder Pass. Kinder unter 16 Jahren müssen im Pass eines mitreisenden Elternteils eingetragen sein oder benötigen einen Kinderausweis (ab zehn Jahren mit Foto).

FKK

FKK ist in Griechenland außerhalb speziell dafür ausgewiesener Strandabschnitte verboten, wird jedoch an abgelegenen Stränden praktiziert. Nackte Busen stören am Strand niemanden mehr.

FOTOGRAFIEREN & FILMEN

Filmvorräte sollten Sie mitbringen, da Filme in Griechenland teuer sind und die Auswahl gering ist.

GELD & PREISE

Das Preisniveau liegt geringfügig unter unserem. Deutlich preiswerter sind Hotelzimmer, Benzin und öffentliche Verkehrsmittel, etwas teurer Lebensmittel im Supermarkt. Bargeld holen Sie sich am günstigsten mit der EC-/Maestro-Karte aus den Bargeldautomaten zahlreicher Banken, die es selbst in kleineren Orten gibt. Es ist günstiger, einen größeren als mehrere kleine Beträge abzuheben, da dem Konto ein Fixbetrag von meist 4–6 Euro pro Abhebung belastet wird. Bargeldabhebungen mit Kreditkarten sind ebenfalls möglich, aber teurer, solange man kein Guthaben auf dem Kreditkartenkonto hat. Reiseschecks werden von allen Banken und Postämtern eingelöst. Öffnungszeiten der Banken: *Mo–Do 8–14.30, Fr 8 bis 14 Uhr*

GESUNDHEIT

Die ärztliche Grundversorgung ist gewährleistet. Bei ernsthaften Erkrankungen oder Verletzungen empfiehlt sich die vorzeitige Heimreise, deren Kosten durch eine Versicherung gedeckt sein sollten. Zwischen Deutschland bzw. Österreich und Griechenland besteht ein Sozialversicherungsabkommen. Krankenhäuser und Kassenärzte behandeln Patienten mit der European Health Insurance Card (EHIC) theoretisch kostenlos, sind in der Praxis aber ein im Briefumschlag überreichtes Trinkgeld gewöhnt. Deshalb zahlt man besser gleich bar, und darum empfiehlt sich der Abschluss einer privaten Auslandskrankenversicherung. Apotheken gibt es in allen großen Orten.

INTERNET

Viele Gemeinden und Städte, größere Hotels und Reisebüros haben eine eigene Website. Allgemein interessant sind: *www.eot.gr:* offizielle Website der Griechischen Zentrale für Fremdenverkehr; *www.culture.gr:* offizielle Website des griechischen Kultusministeriums mit vielen Informationen zu Museen, Ausgrabungen und Events; *www.ekathimerini.gr:* elektronische englischsprachige Ausgabe der Tageszeitung Ekathimerini; *www.gtp.gr:* zahlreiche Reiseinfos für ganz Griechenland, darunter auch die aktuellen griechischen und griechisch-italienischen Schiffsfahrpläne; *www.griechische-botschaft.de:* Meldungen aus Griechenland auf Deutsch

INTERNETCAFÉS

Internetzugang gibt es in allen Städten und in größeren Urlaubsorten. Meist wird nach Armbanduhr abgerechnet; manchmal muss man auch im Voraus Zeitkarten kaufen. Drei der besten Internetcafés auf dem Peloponnes: *Aiólos (Odós Stefanopoúlou 3, Olympia); Copy@net (Odós Arátou 26, Patras); Goniá (oberhalb der Hafen-Platía neben der Kirche, Gíthion).*

JUGENDHERBERGEN

Eine Liste der zumeist sehr einfachen Jugendherbergen bekommen Sie bei der Griechischen Zentrale für Fremdenverkehr.

KLIMA & REISEZEIT

Wer im Meer baden will, muss den Peloponnes zwischen Mai und Oktober besuchen. In den übrigen Monaten kann es häufiger regnen; zwischen Dezember und Februar sinken die Temperaturen selbst an der Küste nachts manchmal bis in Gefrierpunktnähe. Für Studienreisen ist der Winter dennoch reizvoll: Man hat Museen und Ausgrabungen fast für sich allein, die Landschaft gewinnt durch schneebedeckte Berge und gute Fernsicht zusätzlich an Reiz. Schönster Reisemonat ist aber der Mai, da dann viele Blumen und Bäume blühen, das Meer zum Baden meist schon warm genug ist und manche Bergspitzen immer noch Schnee tragen. Im August ist Hochsaison. Juli und August sind zwar völlig sonnensicher, die Temperaturen klettern jedoch in Höhen, die Besichtigungsaktivitäten erlahmen lassen.

MEDIEN

Ausländische Tageszeitungen bekommen Sie in Städten und Urlaubsorten meist am Erscheinungstag. In größeren Hotels gibt es ausländisches Satellitenfernsehen.

MIETWAGEN

Bekannte Mietwagengesellschaften haben Niederlassungen in Kalamáta und Patras; kleinere regionale Firmen haben Büros in den Badeorten, in Korinth, Nauplia und Trípoli. Opel Corsa in der Hauptsaison ab ca. 40 Euro pro Tag bzw. ca. 210 Euro pro Woche inkl. aller gefahrenen Kilometer und Steuern, in der übrigen Zeit zehn bis 25 Prozent billiger. In den Badeorten können auch Mopeds und Motorroller ausgeliehen werden. Angebote für Autovermietungen finden Sie unter *www.marcopolo.de.*

ÖFFENTLICHE VERKEHRSMITTEL

Die Bahn ist in Griechenland das billigste Verkehrsmittel, wenn man 2. Klasse fährt. Der Peloponnes ist der durch Schienen am besten erschlossene Teil des Landes. Hauptlinien führen von Piräus und Athen über Korinth, Patras und Pírgos nach Kalamáta (Fahrzeit ca. 11 Std.), über Korinth, Mykene, Árgos und Trípoli nach Kalamáta (Fahrzeit ca. 8 Std.), Stichstrecken von Pírgos nach Olympia. Fahrplanauskünfte unter *www.ose.gr.*

Linienbusse sind das wichtigste öffentliche Verkehrsmittel. Fernbusse verbinden benachbarte Städte untereinander und alle Städte mit Athen und Korinth. Regionalbusse fahren von den Bezirkshauptstäd-

Schrift und Umschrift

Griechische Buchstaben lernen Sie schnell

Α	α	a	Η	η	i	Ν	ν	n	Τ	τ	t
Β	β	v, w	Θ	ϑ	th	Ξ	ξ	ks, x	Υ	υ	i, y
Γ	γ	g, i	Ι	ι	i, j	Ο	ο	o	Φ	φ	f
Δ	δ	d	Κ	κ	k	Π	π	p	Χ	χ	ch
Ε	ε	e	Λ	λ	l	Ρ	ρ	r	Ψ	ψ	ps
Ζ	ζ	s, z	Μ	μ	m	Σ	σ, ς	s, ss	Ω	ώ	o

ten in alle Dörfer im Umkreis. Für die Fernbusse können Plätze im Voraus an den Busbahnhöfen reserviert werden. Gedruckte Fahrpläne gibt es kaum; man informiert sich durch die Fahrplantafeln in den Busbahnhöfen oder im Internet *(www.ktel.org).*

Autofähren verbinden Méthana mehrmals täglich mit Piräus und Patras mit Igumenítsa in Nordwestgriechenland. Ein Pendelverkehr besteht Tag und Nacht zwischen Río bei Patras und Antírrion auf dem Festland vis-à-vis. Außerdem verkehrt viermal täglich eine Autofähre zwischen Äjion und Ágios Nikólaos. Tragflügelboote ohne Autotransport verbinden an Hochsommerwochenenden Piräus und Nauplia mit Monemvassía.

Taxis sind überall reichlich vorhanden. In den Städten fahren sie mit Taxameter; in den *agoraíon* genannten Taxis auf dem Land liegen Tariftabellen aus.

Was kostet wie viel?

Kaffee	**1,50 Euro** für einen Mokka
Benzin	**90 Cent** für 1 Liter Super
Snack	**2 Euro** für eine Portion Gýros
Bier	**2,50 Euro** für einen halben Liter
Lunch	**5 Euro** für eine Portion Mussaká
Liegestuhl	**4–7 Euro** pro Tag inkl. Sonnenschirm

POST

Postämter gibt es in allen Städten; sie sind Mo–Fr mindestens von 7.30 bis 14 Uhr geöffnet.

SPRACHE

Die Griechen sind stolz auf ihre eigene Schrift. Für Aufschriften und Ortsschilder wird häufig jedoch zusätzlich die lateinische Schrift verwendet. Trotzdem ist es sehr hilfreich, die griechischen Buchstaben zu kennen. Die richtige Betonung ist für das Verstandenwerden unerlässlich; sie wird im Griechischen durch einen Akzent auf dem zu betonenden Vokal angezeigt. Im Text dieses Bandes finden Sie die Worte so, wie sie der Aussprache am nächsten kommen. Auf den Karten wird eine Umschrift des Griechischen verwendet, die als international verbindlich erklärt wurde. Wo es nötig war, haben wir die Kartenversion im Text in Klammern hinzugefügt.

STROM

220 Volt Wechselstrom; deutsche Stecker passen meist.

TAGESLICHT

Auf dem Peloponnes sind die Tage im Winter länger und im Sommer kürzer als in Mitteleuropa. So wird es im Juli schon zwischen 20.30 und 21 Uhr dunkel.

TELEFON & HANDY

Kartentelefone gibt es in jedem Ort. Telefonkarten für 4 Euro sind in vielen Supermärkten und an Kiosken erhältlich. Günstigere Telefonkarten für 6 Euro, mit denen man Gespräche im Wert von 6,50 Euro führen kann, sind meist nur in den Büros der staatlichen OTE zu bekommen. Ein Mondscheintarif gilt zwischen 22 und 8 Uhr sowie den ganzen Samstag und Sonntag.

Mobiltelefone sind in Griechenland weit verbreitet, die Flächendeckung ist sehr gut. Über die Kosten der Gespräche gibt Ihr Provider Auskunft. Informieren Sie sich auch über eine *Calling Card,* die Sie in Deutschland kaufen und mit der Sie von Ihrem Urlaubsort aus telefonieren können.

Vorwahlen: Griechenland 0030, Deutschland 0049, Österreich 0043, Schweiz 0041. Für Griechenland muss anschließend die vollständige zehnstellige Rufnummer gewählt werden, ebenso bei innergriechischen Gesprächen.

TRINKGELD

Handhabung wie bei uns. Beträge unter 0,50 Euro sind beleidigend. Zimmermädchen sollte man mindestens 1 Euro pro Tag geben.

ZEIT

In Griechenland ist es ganzjährig eine Stunde später als bei uns.

ZOLL

Waren für den privaten Verbrauch dürfen innerhalb der EU frei ein- und ausgeführt werden (z. B. 800 Zigaretten, 90 l Wein, 10 l Spirituosen). Für Schweizer gelten wesentlich engere Freigrenzen.

Wetter in Patras

	Jan.	Feb.	März	April	Mai	Juni	Juli	Aug.	Sept.	Okt.	Nov.	Dez.
Tagestemperaturen in °C	15	15	17	20	24	28	30	31	28	24	20	17
Nachttemperaturen in °C	6	6	7	10	13	16	18	18	16	13	10	7
Sonnenschein Std./Tag	4	5	6	8	9	10	12	11	9	7	5	4
Niederschlag Tage/Monat	13	10	8	7	5	2	1	1	3	8	11	14
Wassertemperaturen in °C	14	14	14	16	18	22	24	25	23	22	19	16

Milás elliniká?

»Sprichst du Griechisch?«
Dieser Sprachführer hilft Ihnen, die wichtigsten Wörter und Sätze auf Griechisch zu sagen

Zur Erleichterung der Aussprache sind alle griechischen Wörter mit einer einfachen Aussprache (in der mittleren Spalte) versehen.
Folgende Zeichen sind Sonderzeichen:
- ' die nachfolgende Silbe wird betont
- ð wie englisches »th« in »the«, mit der Zungenspitze hinter den Zähnen
- θ wie englisches »th« in »think«, mit der Zungenspitze zwischen den Zähnen

AUF EINEN BLICK

Ja./Nein.	nä./'ochi.	Ναι./'Οχι.
Vielleicht.	'issos.	'Ισως.
Bitte.	paraka 'lo.	Παρακαλώ.
Danke.	äfchari'sto.	Ευχαριστώ.
Entschuldigung!	si'gnomi!	Συγνώμη!
Wie bitte?	o'ristä?	Ορίστε;
Ich verstehe Sie nicht.	ðä sass katala'wäno.	Δε σας καταλαβαίνω.
Bitte, wiederholen Sie es.	na to ksana'pite, paraka'lo.	Νά το ξαναπείτε, παρακαλώ.
Ich spreche nur wenig …	mi'lo 'mono liga …	Μιλώ μόνο λίγα …
Können Sie mir bitte helfen?	bo'ritä na mä woi'θisätä paraka'lo?	Μπορείτε να με βοηθήσετε, παρακαλώ;
Ich möchte …	'θälo …	θέλω …
Das gefällt mir nicht.	af'to ðän mu a'rässi.	Αυτό δεν μου αρέσει.
Haben Sie …?	'ächätä …	'Εχετε …;
Wie viel kostet es?	'posso ko'stisi?	Πόσο κοστίζει;
Wie viel Uhr ist es?	ti 'ora 'inä?	Τι ώρα είναι;
Heute/Morgen	'simära/'awrio	Σήμερα/Αύριο

KENNENLERNEN

Guten Morgen!	kali'mära!	Καλημέρα!
Guten Tag!	kali'mära!/'chärätä!	Καλημέρα/Χαίρετε!
Guten Abend!	kali'spära!	Καλησπέρα!

Hallo! Grüß dich!	’jassu!	Γειά σου!
Wie geht es Ihnen/dir?	’poss ’istä?/‘issä?	Πώς είστε;/είσαι
Danke. Und Ihnen/dir?	äfchari’sto. äs’sis/äs’si?	Ευχαριστώ. Εσείς/εσύ;?
Auf Wiedersehen!	a’dio!	Αντίο!
Tschüss!	’jassu!	Γειά σου!

UNTERWEGS

Auskunft

links/rechts	aristä’ra/ðäks’ja	Αριστερά/Δεξιά
geradeaus	ef’θia	Ευθεία
nah/weit	ko’nda/makri’a	Κοντά/Μακριά
Wie weit ist es zum/zur …?	’posso makri’a ’inä ja …?	Πόσο μακριά είναι για …;
Ich möchte … mieten.	’θälo na ni’kjasso …	Θέλω να νοικιάσω …
… ein Auto …	’äna afto ’kinito	… ένα αυτοκίνητο
… ein Fahrrad …	’äna po’ðilato	… ένα ποδήλατο
… ein Boot …	’mia ’warka	… μια βάρκα
Bitte, wo ist …?	paraka’lo, ’pu ’inä …?	Παρακαλώ, πού είναι …;

Panne

Ich habe eine Panne.	’äpaθa zim’ja.	‘Επαθα ζημειά
Würden Sie mir bitte einen Abschlepp-wagen schicken?	θa bo’russatä na mu ’stilätä ’äna ’ochima ri’mulkissis?	Θα μπορούσατε να μου στείλετε ένα όχημα ρυμούλκησης;
Wo ist hier in der Nähe eine Werkstatt?	’pu i’parchi ä’ðo kon’da ’äna sinär’jio?	Πού υπάρχει εδώ κοντά ένα συνεργείο;

Tankstelle

Wo ist bitte die nächste Tankstelle?	’pu ’inä, sass paraka’lo, to e’pomäno wensi-’naðiko?	Πού είναι, σας παρακαλώ, το επόμενο βενζινάδικο;
Ich möchte … Liter …	’θälo … ’litra …	Θέλω … λίτρα …
… Normalbenzin.	ap’li wän’sini.	… απλή βενζίνη.
… Super./Diesel.	’supär./’disäl.	… Σούπερ./Ντήζελ.
… bleifrei/verbleit.	a’moliwði/mä’moliwðo.	… αμόλυβδη/με μόλυβδο.
… mit … Oktan.	mä … o’ktanja.	με … οκτανια.
Voll tanken, bitte.	jä’mistä, paraka’lo.	Γεμίστε, παρακαλώ.

Unfall

Hilfe!	wo’iθja!	Βοήθεια!
Achtung!/Vorsicht!	prosso’chi!	προσοχή!
Rufen Sie bitte schnell …	ka’lästä, paraka’lo, ’grigora …	Καλέστε, παρακαλώ, γρήγορα …
… einen Krankenwagen.	’äna asθäno’foro.	… ένα ασθενοφόρο.

… die Polizei.	tin astino'mia.	… την αστυνομία.
… die Feuerwehr.	tim piroswästi'ki ipirä'sia.	… την πυροσ βεστικη υπηρεσ ια.
Geben Sie mir bitte Ihren Namen und Ihre Anschrift.	'pästä mu paraka'lo to 'onoma kä ti ðiäfθin'si sass.	Πέστε μου παρακαλώ το όνομα και τη διευθυνσή σας.

ESSEN/UNTERHALTUNG

Wo gibt es hier ein gutes Restaurant?	pu i'parchi ä'ðo 'äna ka'lo ästia'torio?	Πού υπάρχει εδώ ενα καλό εστιατόριο;
Gibt es hier eine gemütliche Taverne?	i'parchi ä'ðo ta'wärna mä 'anäti at'mosfära?	Υπάρχει εδώ ταβέρνα με ανετη ατμόσφαιρα;
Reservieren Sie uns bitte für heute Abend einen Tisch für vier Personen.	kra'tistä mas paraka'lo ja 'simera to'wraði 'äna tra'päsi ja 'tässära 'atoma.	Κρατήστε μας παρακαλώ για σήμερα το βράδυ ένα τραπέζι για 4 άτομα.
Bezahlen, bitte.	paraka'lo, na pli'rosso.	Παρακαλώ, να πληρώσω.
Das Essen war ausgezeichnet.	to faji'to 'itan äksäräti'ko.	Το φαγητό ήταν εξαιρετικό.
Messer	ma'chäri	Μαχαίρι
Gabel	pi'runi	Πηρούνι
Löffel	ku'tali	Κουτάλι
Teelöffel	kuta'lakki	Κουταλάκι

EINKAUFEN

Wo finde ich …?	pu θa wro …?	Πού θα βρω …;
Apotheke	to farma'kio	το φαρμακείο
Bäckerei	to artopo'lio	το αρτοπωλείο
Fotoartikel	ta fotografi'ka 'iði	τα φωτογραφικά είδη
Kaufhaus	to polika'tastima	το πολυκατάστημα
Lebensmittelgeschäft	to ka'tastima tro'fimon	το κατάστημα τροφίμων
Markt	i ajo'ra	η αγορά

ÜBERNACHTUNG

Können Sie mir bitte … empfehlen?	bo'ritä paraka'lo na mu si'stissätä	Μπορείτε παρακαλώ να μου συστήσετε …
… ein Hotel …	'äna ksänoðo'chio?	… ένα ξενοδοχείο;
… eine Pension …	'mia pan'sjon?	… μια πανσιόν;
Ich habe bei Ihnen ein Zimmer reserviert.	'äðo sä sas 'äklissa 'äna ðo'matjo.	Εδώ σε σας έκλεισα ένα δωμάτιο.

Haben Sie noch Zimmer frei?	'ächätä a'kommi ðo'matja ä'läfθära?	Έχετε ακόμη δωμάτια ελεύθερα;
… für eine Nacht?	ja mja 'nichta?	… για μια νύχτα
… für eine Woche?	ja mja wðo'maða?	… για μια βδομάδα
Was kostet das Zimmer mit …	'posso ko'stisi to ðo'matjo mä	Πόσο κοστίζει το δωμάτιο με …
… Frühstück?	proi'no?	… πρωινό;
… Halbpension?	'mäna 'jäwma?	… μ'ένα γεύμα;

PRAKTISCHE INFORMATIONEN

Arzt

Können Sie mir einen guten Arzt empfehlen?	bo'ritä na mu siss'tissätä 'änan ka'lo ja'tro?	Μπορείτε να μου συστήσετε έναν καλό γιατρό;
Ich habe hier Schmerzen.	ä'ðo 'ächo 'ponnus.	Εδώ έχω πόνους.

Post

Was kostet …	'posso ko'stisi …	Πόσο κοστίζει …
… ein Brief …	'äna 'gramma	… ένα γράμμα
… eine Postkarte …	mja 'karta	… μια κάρτα …
… nach Deutschland?	ja ti järma'nia?	… για τη Γερμανία;
Österreich/Schweiz	Afs'tria/Elwe'tia	Αυστρία/Ελβετία

ZAHLEN

0	mi'ðän	μηδέν	20	'ikossi	είκοσι
1	'äna	ένα	21	'ikossi 'äna	είκοσι ένα
2	'ðio	δύο	22	'ikossi'ðio	είκοσι δύο
3	'tria	τρία	30	tri'anda	τριάντα
4	'tässära	τέσσερα	40	sa'randa	σαράντα
5	'pändä	πέντε	50	pä'ninda	πενήντα
6	'äksi	έξι	60	ä'ksinda	εξήντα
7	ä'fta	εφτά	70	äwðo'minda	εβδομήντα
8	o'chto	οχτώ	80	og'ðonda	ογδόντα
9	ä'näa	εννέα	90	änä'ninda	ενενήντα
10	'ðäka	δέκα	100	äka'to	εκατό
11	'ändäka	έντεκα	200	ðia'kosja	διακόσια
12	'ðoðäka	δώδεκα	1000	'chilia	χίλια
13	ðäka'tria	δεκατρία	2000	'ðio chi'ljaðäs	δύο χιλιάδες
14	ðäka'tässära	δεκατέσσερα	10000	'ðäka chi'ljaðäs	δέκα χιλιάδες
15	ðäka'pändä	δεκαπέντε			
16	ðäka'äksi	δεκαέξι	1/2	to 'äna 'ðäftäro	(το) ένα δεύτερο
17	ðäkaä'fta	δεκαεφτά			
18	ðäkao'chto	δεκαοχτώ	1/4	to 'äna 'tätarto	(το) ένα τέταρτο
19	ðäkaä'näa	δεκαεννέα			

Reiseatlas Peloponnes

Die Seiteneinteilung für den Reiseatlas finden Sie auf dem hinteren Umschlag dieses Reiseführers

A B C

Kartenlegende Reiseatlas

- le Mans-Est — Autobahn mit Anschlussstelle / Motorway with junction
- Datum, Date — Autobahn in Bau / Motorway under construction
- Datum, Date — Autobahn in Planung / Motorway projected
- Raststätte mit Übernachtungsmöglichkeit / Roadside restaurant and hotel
- Raststätte ohne Übernachtungsmöglichkeit / Roadside restaurant
- Erfrischungsstelle, Kiosk / Snackbar, kiosk
- Tankstelle, Autohof / Filling-station, Truckstop
- Autobahnähnliche Schnellstraße mit Anschlussstelle / Dual carriage-way with motorway characteristics with junction
- Straße mit zwei getrennten Fahrbahnen / Dual carriage-way
- Durchgangsstraße / Thoroughfare
- Wichtige Hauptstraße / Important main road
- Hauptstraße / Main road
- Sonstige Straße / Other road
- Fernverkehrsbahn / Main line railway
- Bergbahn / Mountain railway
- Autotransport per Bahn / Transport of cars by railway
- Autofähre / Car ferry
- Schifffahrtslinie / Shipping route
- Landschaftlich besonders schöne Strecke / Route with beautiful scenery
- *Routes des Crêtes* — Touristenstraße / Tourist route
- Straße gegen Gebühr befahrbar / Toll road
- Straße für Kraftfahrzeuge gesperrt / Road closed to motor traffic
- Zeitlich geregelter Verkehr / Temporal regulated traffic
- 15% — Bedeutende Steigungen / Important gradients

Kultur
Culture

- ★★ **PARIS**, ★★ *la Alhambra* — Eine Reise wert / Worth a journey
- ★ **TRENTO**, ★ *Comburg* — Lohnt einen Umweg / Worth a detour

Landschaft
Landscape

- ★★ **Rodos**, ★★ *Fingal's cave* — Eine Reise wert / Worth a journey
- ★ **Korab**, ★ *Jaskinia raj* — Lohnt einen Umweg / Worth a detour
- Besonders schöner Ausblick / Important panoramic view

Ausflüge & Touren
Excursions & tours

- Nationalpark, Naturpark / National park, nature park
- Sperrgebiet / Prohibited area
- 4807 — Bergspitze mit Höhenangabe in Metern / Mountain summit with height in metres
- (630) — Ortshöhe / Elevation
- Kirche / Church
- Kirchenruine / Church ruin
- Kloster / Monastery
- Klosterruine / Monastery ruin
- Schloss, Burg / Palace, castle
- Schloss-, Burgruine / Palace ruin, castle ruin
- Denkmal / Monument
- Wasserfall / Waterfall
- Höhle / Cave
- Ruinenstätte / Ruins
- Sonstiges Objekt / Other object
- Jugendherberge / Youth hostel
- Flugplatz / Airfield
- Regionalflughafen / Regional airport
- Verkehrsflughafen / Airport

Iniadā
Neochorion
Messolongion
ΜΕΣΟΛΟΓΓΙΟΝ
Limni Messolongiu
Acheloos
Makri
Oxia
Turlis
Efinochorion
Kalydon
Gavrolimni
Kryoneri
Velvina
Risa
Antirrion
Rion
Kastritsi
A
B
C
1
2
3
4
5
6
Patraikos Kolpos
Brindisi 13—18 h, Bari 15—20 h, Ancona 19—24 h
Venezia 38 h, Trieste 38 h
Sami 3 h
PATRA
ΠΑΤΡΑ
Akra Araxos
Ionian Beach
Lakkopetra
Kalogria
Kato Achäa
ΚΑΤΩ ΑΧΑΙΑ
Paralia
Saravalion
Sulio
Araxos
Metochion
Vrachnaika
Pyrros
Kunupelli
Lapas
Lussika
Vasilikon
Chalandritsa
Katarr
Arla
Kato Masarakion
Varda
Kangadion
Aj. Nikolaos
Chiona
Kalussion
Achaia
Poros 1½ h
Argostolion 2½ h
Sakynthos 1¼ h
Akra Kyllinis
Kyllini
Lechana
Melissa
Sandomerion
Skollis Oros
Porta
Stavrodromi
Kalendsion
Erymanthos
Livart
Chlemutsi
Kastro
Andravida
Ätorrachion
Techniti Limni Piniu
Agrapidochorion
Skiadas
Lambia Oros
Tripoti
Lutra Kyllinis
Vartholomion
Traganon
Kendron
Ilis
Efyra
Aj. Trias
Lambia
Arkudi
Pinios
Gastuni
Savalia
Chavarion
Simopulon
Chania
Panopulu
Velimachion
Peristerion
Amalias
ΑΜΑΛΙΑΣ
Kutsochera
Monastirakion
Kuruta
Aj. Anna
Kumanis
Foloi Oros
Ilia
Dunaiika
Vunargon
Kato Spatharis
Purgi
Latsion
Chelidonion
Racha
Lalas
Aj. Ioannis
Varvassana
Platanos
Pondikokastro
Katakolon
Pyrgos
ΠΥΡΓΟΣ
Olympia
Vassilakion
Akra Katakolon
Alfios
Epitalion
Makrissia
Anemochorion
Krestena
Diasella
Sekulas
Platiana
Kallithea
Kaiafa
Vreston
Alifira
Sacharo
Minthi Oros
Kyparissiakos Kolpos
Kalidona
Kakovatos
Kato Figalia
Lepreon
Tholon
Figalia
Nedas
Eläa
Sidirokastron
Psarion
Kalon Neron
Dorion
Kyparissia
ΚΥΠΑΡΙΣΣΙΑ
Vrysä
Aetos
Agrilos
Ori Kyparissias
Raptopulon
Messini
Mavrommati
Plati
Christianon
Filiatra
10 km
E55
65
97
20
19
15
225
39
32
9
33
74
76
90
48
5

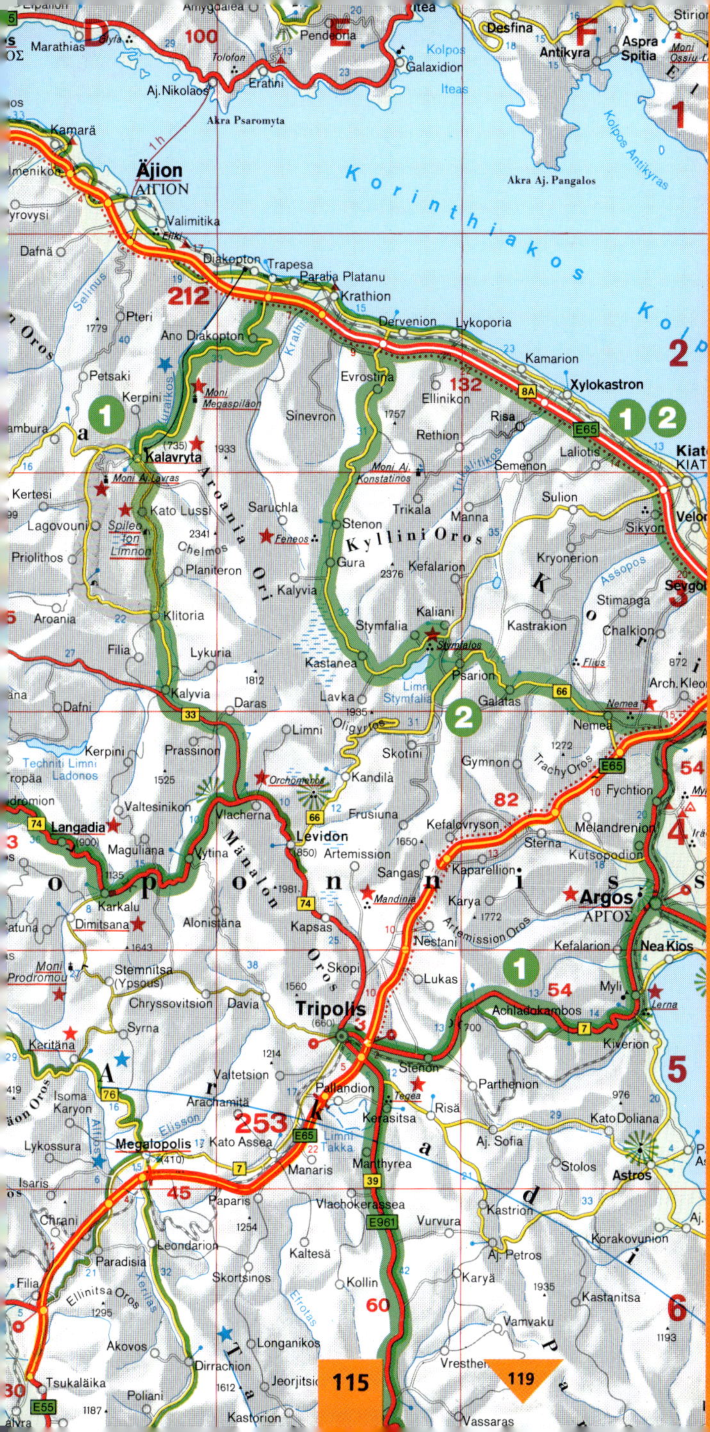
Korinthiakos Kolpos
Kolpos Iteas
Kolpos Antikyras
Äjion
ΑΙΓΙΟΝ
Diakopton
Krathion
Dervenion
Lykoporia
Kamarion
Xylokastron
Kiato
Kalavryta
Moni Megaspilaon
Moni Aj. Lavras
Kato Lussi
Spileo ton Limnon
Aroania Ori
Chelmos
Kyllini Oros
Stymfalia
Limni Stymfalia
Feneos
Psarion
Galatas
Nemea
Argos
ΑΡΓΟΣ
Nea Kios
Lerna
Myli
Achladokambos
Artemission Oros
Mantinia
Tripolis
Tegea
Mänalon Oros
Levidon
Vytina
Langadia
Dimitsana
Karkalu
Stemnitsa
Karitäna
Megalopolis
Leondarion
Astros
Kastrion
Aj. Petros
Kastanitsa
Techniti Limni Ladonos
Orchomenos
Tsukaläika
Akovos
Dirrachion
Longanikos
Kastorion
Vassaras
Vrestheni
Kaltesä
Kollin
Vlachokerassea
Manthyrea
Kerasitsa
Pallandion
Kato Assea
Paparis
Paradisia
Ellinitsa Oros
Filia
E65
E55
E961
100
212
132
82
253
45
60
54
115
119

Levadia
ΛΕΒΑΔΕΙΑ
Desfina
Antikyra
Aspra Spitia
Stirion
Moni Ossiu Luka
Galaxidion
Kolpos Iteas
Aj. Jeorjios
Elikon
Kyriakion
Aj. Anna
Koronia
Petra
Aliartos
Mavrommation
Evangelistria
Askra
Thespiä
Ellopia
Prodromos
Paralia
Thisvi
Aj. Ioannis
Kolpos Antikyras
Akra Aj. Pangalos
Akra Ajia
Paliovuna
Elikon Oros
Korinthiakos Kolpos
Dervenion
Lykoporia
Kamarion
Xylokastron
Ellinikon
Risa
Rethion
Laliotis
Semenon
Kiaton
ΚΙΑΤΟΝ
Akra Iräon
Iräon
Perachora
Limni Vuliagmenis
Pissia
Jerania Oros
Lutrakion
ΛΟΥΤΡΑΚΙ
Alkyonides Nissi
Kolpos Alkyonidon
Alepoch
Moni Aj. Konstatinos
Trikala
Manna
Sulion
Sikyon
Velon
Kokonion
Vrachation
Korinthos
ΚΟΡΙΝΘΟΣ
Kyllini Oros
Kefalarion
Kryonerion
Assopos
Sevgolation
Lechäon
Isthmia
Dioryx Korinthu
Ag. Th
Kaliani
Stymfalia
Stymfalos
Limni Stymfalia
Kastrakion
Stimanga
Chalkion
Archäa Korinthos
Akrokorinthos
Solomos
Kalamaki Beach
Kato Almyri
Flius
Spathovunion
Arch. Kleona
Psarion
Galatas
Nemea
Chiliomodion
Athikia
Sofikon
Korfos
Ormos Sofiku
Korinthia
Skotini
Gymnon
Trachy Oros
Aj. Vassilios
Aj. Ioannis
Ajionorion
Angelokastron
Mykinä
Fychtion
Limnä
Dimäna
Kefalovryson
Melandrenion
Iräon
Arachnäon
Sterna
Kutsopodion
Chonikas
Nea Epid
Sangas
Kaparellion
Aj. Trias
Argos
ΑΡΓΟΣ
Karya
Mandinia
Artemission Oros
Tiryns
Lygurion
Paläa Epid
Epidavros
Nestani
Kefalarion
Nea Kios
Aj. Adrianos
Argolis
Lukas
Myli
Lerna
Navplion
ΝΑΥΠΛΙΟΝ
Assini
Drepanon
Adamion
Achladokambos
Kiverion
Kandia
Tolon
Stenon
Tegea
Parthenion
Platia
Paralia Irion
Karnesäika
Didymon
Kerasitsa
Risä
Kato Doliana
Aj. Sofia
Paralion Astros
Psili
Kilas
Stolos
Astros
Argolikos Kolpos
Kranidion
Kastrion
Vurvura
Ai. Andreas
Korakovunion
Aj. Petros
Portochelion
Karyä
Kastanitsa
Vamvaku
Paralia Tyru
Spetsä
Spetsopula
Tyros
Vresthena
Vassaras
Arkadia
Parnon
E65
E94
A1
E961
8A
119

D
E
F
1
2
3
4
5
6
Thivä
ΘΗΒΑΙ
Kalithea
Tanagra
Schimatarion
Arma
Dilessi
Eretria
Amarynthos
Ano Vathia
Aliverion
Vathy
Ritsona
Moni Sagmata
Neochorakion
Inofyta
Oropos
Skala Oropu
Amfiarion
Aj. Apostoli
Kalamos
Notios Evoikos Kolpos
Aj. Thomas
Assopos
Avlon
Malakassa
Erythrä
Pastra Oros
Eleftherä
Moni Ossiu Meletiu
Pyli
Skurta
Panakton
Afidna
Kapandrition
Ramnus
Limni Marathonos
Grammatikon
Aj. Marina
Marathon
Schinias
Parnis
Karambola
Aj. Trias
Fyli
Moni Kliston
Vilia
Inoi
Aj. Sotir
Mandra
ΜΑΝΔΡΑ
Aspropyrgos
ΑΣΠΡΟΠΥΡΓΟΣ
Dekelia
Aj. Stefanos
Dionyssos
Nea Makri
Acharnä
Kifissia
Pendeli
Moni Dau Pendelis
Rafina
Megara
ΜΕΓΑΡΑ
Elefsis
ΕΛΕΥΣΙΣ
Amarusion
Nea Peramos
Moni Faneromenis
Perama
ΠΕΡΑΜΑ
Moni Dafni
Dafnion
Chalandrion
Jerakas
Spata
ΣΠΑΤΑ
Lutsa
Pachi
Paluckia
Salamis
ΣΑΛΑΜΙΣ
Ambelakia
Akropolis
Moni Kessariani
Ymittos
Kutuki
Päania
ΠΑΙΑΝΙΑ
Elef. Venizelos
Vravrona
Akra Petritis
Salamis
ΣΑΛΑΜΙΣ
Aandion
Kaki Vigla
Piräefs
ΠΕΙΡΑΙΕΥΣ
Kalamaki
Koropion
ΚΟΡΩΠΙΟΝ
Porto Rafti
Saronikos
ATHINÄ
ΑΘΗΝΑΙ
Glyfada
Vula
Markopulon
ΜΑΡΚΟΠΟΥΛΟΝ
Varkisa
Moni Sotiros
Vuliagmeni
Lagonissi
Keratea
ΚΕΡΑΤΕΑ
Thorikon
Suvala
Afaa
Fleves
Anavyssos
Äjina
ΑΙΓΙΝΑ
Aj. Marina
Äjina
ΑΙΓΙΝΑ
Oros
Perdika
Kolpos
Arsida
Paläa Fokäa
Naos Poseidonos
Lavrion
ΛΑΥΡΙΟΝ
Patroklu
Sunion
Akra Sunion
Angistrion
Chios 12 h, Mytilini 18 h
Kythnos 2¾ h
Kapmeni Chora
Kunupitsa
Chersonissos Methanon
Epidavru
Methana
Taktikupolis
Poros
Poros
Trisin
Galatas
Saronis
Akra Spathi
Tinos 4½ h
Kythnos 3 h
Piräefs—Naxos 6 h
Piräefs—Samos 13 h
Piräefs—Kos 15 h
Aj. Jeorjios
Porto Hydra
Thermission
Seritos 4½ h, Rodos 16 h
Lemesos 37 h, Hefa 60 h
Dokos
Akra Survas
Moni Survas
Ydra
Ydra
ΥΔΡΑ
Suda 11 h, Rethymnon 11 h
Iraklion 11 h
Milos 5 h
10 km
Trikeri

A
B
C
1
2
3
4
5
6
116
225
39
253
45
32
30
68
60
51
Krestena
Diasella
Sekulas
Kokkoras
Satuna
Dimitsana
Alonistaina
Platiana
Kallithea
Moni Prodromou
Stemnitsa (Ypsous)
Kaiafa
Sacharo
Vreston
Thissoa
Chryssovitsion
Davia
Alifira
Karitäna
Syrna
Minthi Oros
Andritsäna
Kalidona
Kakovatos
Kato Figalia
Vassä
Isoma Karyon
Valtetsion
Arachamitä
Lepreon
Tholon
Likäon Oros
Stassimon
Figalia
Lykossura
Megalopolis
Kato Assea
Nedas
Elissos
Eläa
Tetrasion Oros
Isaris
Paparis
Sidirokastron
Psarion
Chrani
Leondarion
Kalon Neron
Dorion
Diavolitsion
Paradisia
Skortsinos
Kyparissia
ΚΥΠΑΡΙΣΣΙΑ
Vrysä
Filia
Ellinitsa Oros
Sefgolation
Aetos
Meligalas
Akovos
Agrilos
Longanikos
Ori Kyparissias
Raptopulon
Messini
Tsukaläika
Dirrachion
Plati
Jeorjitsi
Filiatra
Mavrommation
Ithomi
Christianon
Poliani
Kefalovryson
Ellinoeklissia
Valyra
Arfara
Kastorion
Agh. Kiriaki
Musakion
Alagonia
Andrussa
Ano Amfia
Aristomenis
Thuria
Artemisia
Marathopoli
Chora
Messini
ΜΕΣΣΗΝΗ
Kalamata
Gargaliani
ΓΑΡΓΑΛΙΑΝΟΙ
Proti
Avramion
Asprochoma
KALAMATA
ΚΑΛΑΜΑΤΑ
Faranx Langada
Anaktoro Nestoros
Chatsis
Risomylos
Buka
Kalathion Oros
Romanos
Koryfassion
Velika Beach
Pylos
Kasarma
Pylos Kolpos
Ormos Navarinu
Sfaktiria
Chandrinos
Petalidion
Avia
Kambos
Aj. Ilias
Lykodimon Oros
Kitriä
Pylos
Tseria
Longa
Kallithea
Kardamyli
Saidona
Messiniakos
Nea Koroni
Methoni
Stupa
Finikunda
Charokopion
Koroni
Sapiendsa
Vassilitsion
Trachila
Schisa
Akra Akritas
Venetiko
Kolpos
Areopoli
Pyrgos Diru
Spiläon D
Stavri
Jerolim
10 km

D
E
F
116
119
Nestani
Lukas
Kefalarion
Nea Kios
Tiryns
Aj. Adrianos
Lygurion
Epidavros
Myli
Lerna
Navplion
ΝΑΥΠΛΙΟΝ
Assini
Drepanon
Adamion
Achladokambos
Kiverion
Kandia
Tolon
Stenon
Tegea
Parthenion
Risä
Platia
Paralia Irion
Karnesäika
Didymon
Oros
Didyma
Kato Doliana
Aj. Sofia
Paralion Astros
Psili
Stolos
Astros
Kilas
Kranidion
Argolikos
Kastrion
Vurvura
Aj. Andreas
Korakovunion
Aj. Petros
Karyä
Portochelion
Kosta
Spetsä
Kastanitsa
Vamvaku
Paralia Tyru
Tyros
Vresthena
Spetsopula
Kolpos
Leonidion
Vassaras
Vutiani
Agriani
Paläochorion
M. P. Elonis
Tsitalia
Plaka
Ormos
Aj. Jeorjios
Chrysafa
Kallithea
Sparti
ΣΠΑΡΤΗ
Kosmas
Pulithra
Akra Burnia
Pigadion
Gortsa
Peleta
Marion
Skura
Madara
Jerakion
Aj. Christoforos
Vrondamas
Kyparission
Dafnion
Evrotas
Aj. Dimitrios
Charax
Chania
Krokeä
Myrtea
Vlachiotis
Apidea
E961
Petrina
Skala
Richea
Stefania
Elos
Molai
Limenas Geraka
Äjiä
Ierax
Matamorfosis
Gythion
ΓΥΘΕΙΟΝ
Akra Ierax
Passava
Sykea
Aj. Ioannis
Epidavros Limira
Mavrovunion
Eläa
Papadianika
Akra Kremmidi
Veliä
Plytra
Ajeranos
Monemvassia
Skutarion
Dämonia
Akra Xylis
Nomia
Kotronas
Archangelos
Kolpos
Epidavru Limiras
Pandanassa
Lakonikos Kolpos
Dermatianika
Kokkala
Punta
Kato Kastanea
Elafonissos
Ormos
Neapolis
Neapoleos
Velanidia
Diakofti
Aj. Pelajia
Stenon
Elafonissu
Vathia
Porto Kagio
Akra Maleas
Kythira
ΚΥΘΗΡΑ
Akra Tänaron
Karavas

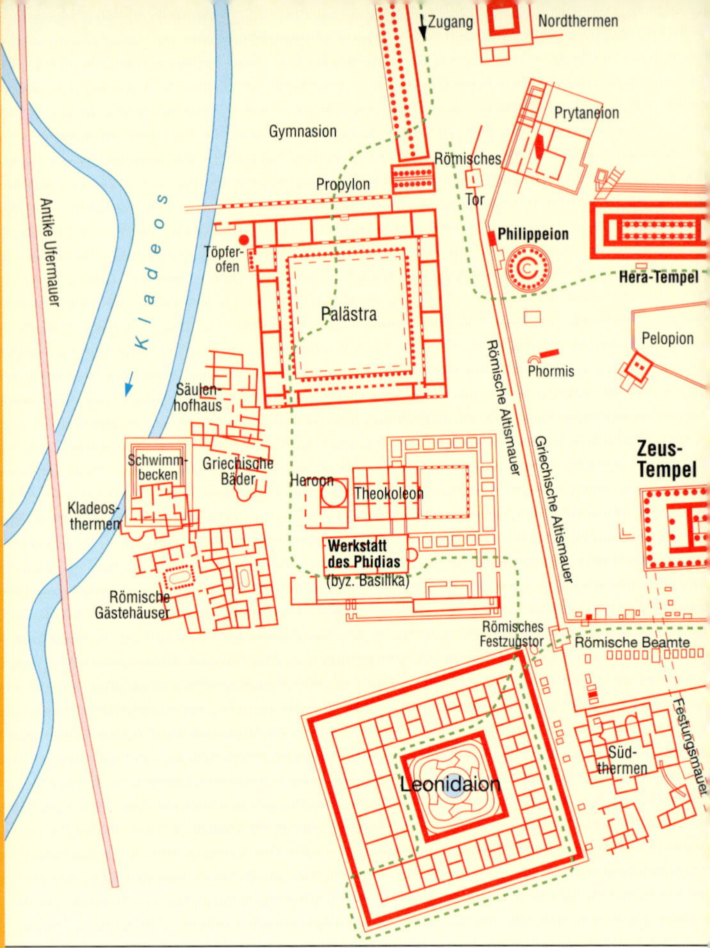
Zugang
Nordthermen
Prytaneion
Gymnasion
Römisches
Tor
Propylon
Philippeion
Hera-Tempel
Antike Ufermauer
Kladeos
Töpfer-
ofen
Palästra
Pelopion
Phormis
Römische Altismauer
Säulen-
hofhaus
Zeus-
Tempel
Griechische Altismauer
Schwimm-
becken
Griechische
Bäder
Heroon
Theokoleon
Kladeos-
thermen
Werkstatt
des Phidias
(byz. Basilika)
Römische
Gästehäuser
Römisches
Festzugstor
Römische Beamte
Festungsmauer
Süd-
thermen
Leonidaion

Bucht von Nafplio
Bahnhof
Vas. Naflu
Stadion
Platia
Iatru
Hafen
Zoll
Rathaus
Bubulinas
Bubulinas
Irakleus
Bezirks
regieru
Bubulinas
Akti Miauli
6
7
8
Mineu
4
3
5
Amalias
Sidiras
Merarchias
Staikopulu
1
9
Vas. Konstantinu
11
12
Sigrou Andr.
Polisoidu
10
Vas.Konstantinu
Staikopulu
2
Agios Spiridonos
Gericht
Tel.
Bibliothek
Asklipi
Hotel-
lift
Zigomala
25 Martiu
Agios Georgios
Hotel
Frango-
klissia
Fotomara
Platia
Staiko-
pulu
Agios Ioannis
Uhrturm
Akronauplia
(Zitadelle)
ARVANITIA
Festung
Palamidi
Argolischer
Golf
Panagitsa

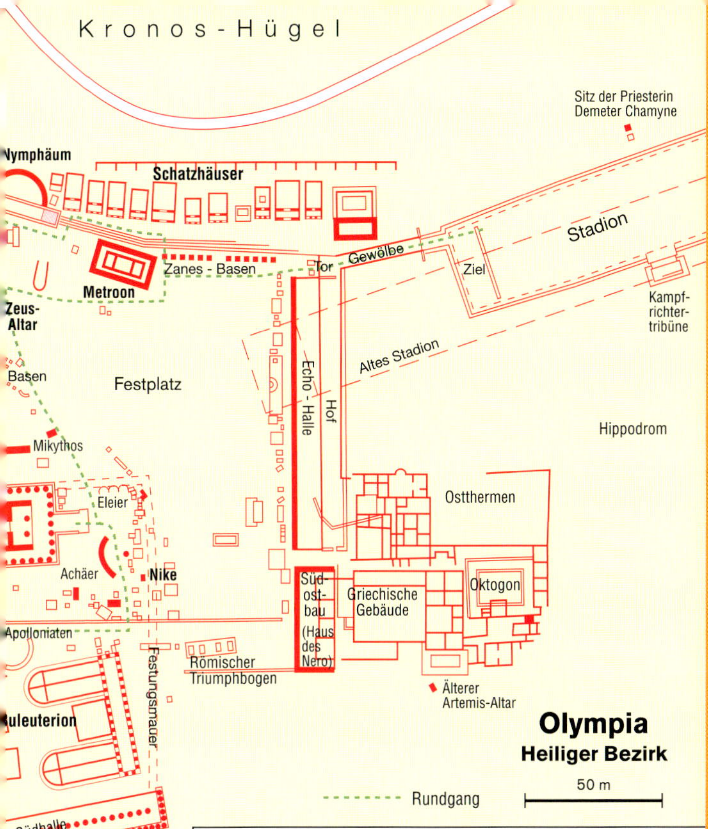

Nauplia

100 m

1 Syntagma-Platz
2 Erstes Parlament (1826)
3 Archäologisches Museum
4 Panagia-Kirche
5 Bibliothek
6 Agios Nikolaos
7 Hafenamt
8 Volkskundemuseum
9 Erste Militärschule
10 Erstes Gymnasium
11 Kapodistrias-Denkmal
12 Kolokotronis-Denkmal

Sparta
Sparti

300 m

1 Altar des Lykurgos
2 Heroon
3 Heiligtum der Artemis Orthia
4 Nordtor
5 Südtor
6 Moderne Statue des Leonidas
7 Hellenistisches Tempelfundament (sog. Grab des Leonidas)
8 Rundbau
9 Theater
10 Tempel der Athena Chalkioikos

Korinth
Antikes Stadtzentrum

50 m

1 Heilige Quelle
2 Orakel
3 Hermes-Tempel
4 Tempel des Apoll der Clarier
5 Poseidon-Tempel
6 Herkules-Tempel
7 Pantheon
8 Venus-Fortuna-Tempel
9 Buleuterion
10 Brunnenhaus
11 Agonethensaal (Bodenmosaik)
12 Rundmonument
13 Stützmauer
14 Startlinie im Stadion
15 'Gefangenenfassad
16 Propyläen
17 Griechischer Temp
des 4. Jh.s v. Chr.
18 Griechischer Markt
19 Halbrunder Markt
20 Römischer Markt

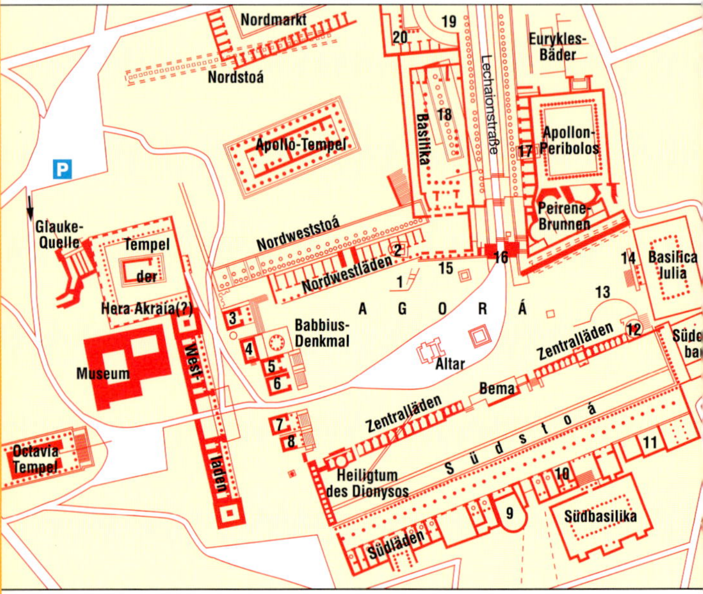

Mykene
Lage und Umgebung

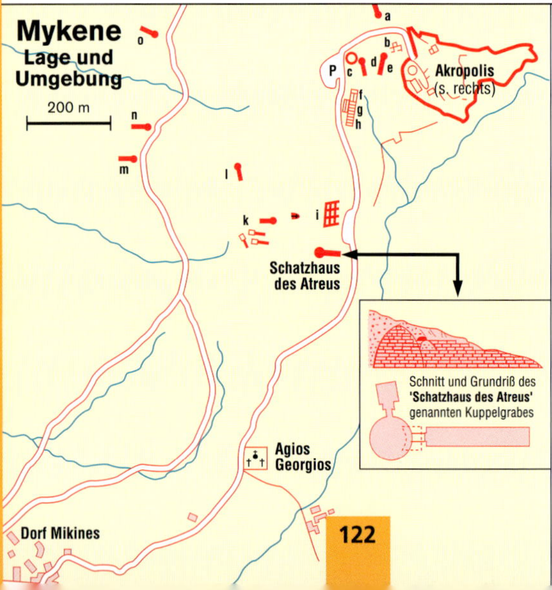

Lage und Umgebung

a Löwengrab
b Perseia-Brunnenhau
c Gräberrund B
d Grab der Klytaimnestra
e Grab des Aigisthos
f Haus der Schilde
g Haus des Ölhändlers
h Haus der Sphingen
i Wohnhäuser
k Kuppelgrab der Panagitsa
l Epano-Furnos-Grab
m Kyklopengrab
n Kuppelgrab der Dämonen oder des Orestes
o Kato-Furnos-Grab

Akropolis

1 Getreidespeicher
2 Haus der Kriegervase
3 Zitadellenhaus
4 Südhaus
5 Rampenhaus
6 Tsuntas-Haus
7 Nordosteingang
8 Palasthof
9 Thronsaal
10 Große Treppe
11 Megaron
12 Tempel
13 Treppe zum Brunnen

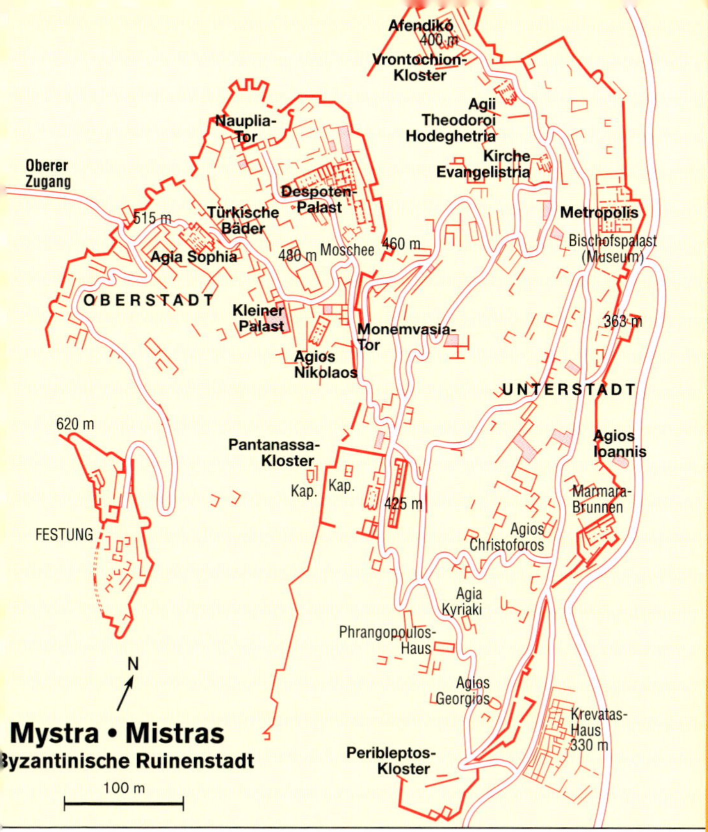
Afendikó
400 m
Vrontochion-Kloster
Agii Theodoroi
Hodeghetria
Kirche Evangelistria
Nauplia-Tor
Oberer Zugang
Despoten-Palast
Türkische Bäder
515 m
Metropolis
Bischofspalast (Museum)
Agia Sophia
480 m
Moschee
460 m
OBERSTADT
Kleiner Palast
Monemvasia-Tor
363 m
Agios Nikolaos
UNTERSTADT
620 m
Pantanassa-Kloster
Agios Ioannis
Kap.
Kap.
425 m
Marmara-Brunnen
FESTUNG
Agios Christoforos
Agia Kyriaki
Phrangopoulos-Haus
N
Agios Georgios
Krevatas-Haus
330 m
Mystra • Mistras
Byzantinische Ruinenstadt
Peribleptos-Kloster
100 m

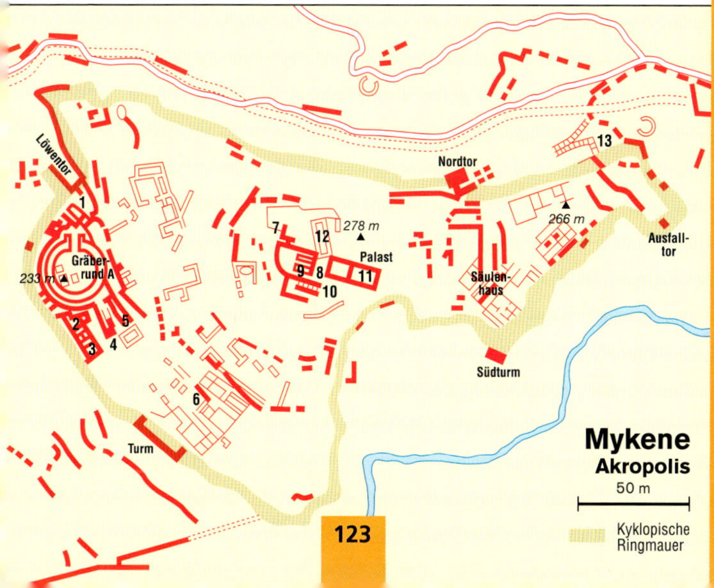
Löwentor
13
Nordtor
1
7
12
278 m
266 m
Ausfall-tor
Gräber-rund A
233 m
Palast
9
8
11
10
Säulen-haus
2
5
3
4
Südturm
6
Turm
Mykene
Akropolis
50 m
Kyklopische Ringmauer

Im Register sind alle in diesem Reiseführer erwähnten Orte und Ausflugsziele verzeichnet. Halbfette Seitenzahlen verweisen auf den Haupteintrag, kursive auf ein Foto.

Schreiben Sie uns!

Liebe Leserin, lieber Leser,

wir setzen alles daran, Ihnen möglichst aktuelle Informationen mit auf die Reise zu geben. Dennoch schleichen sich manchmal Fehler ein – trotz gründlicher Recherche unserer Autoren/innen. Sie haben sicherlich Verständnis, dass der Verlag dafür keine Haftung übernehmen kann. Wir freuen uns aber, wenn Sie uns schreiben.

Senden Sie Ihre Post an die MARCO POLO Redaktion, MAIRDUMONT, Postfach 31 51, 73751 Ostfildern, info@marcopolo.de

Impressum

Titelbild: Monemvassía (Laif: Tophoven)
Fotos: K. Bötig (25); R. Hackenberg (U. l., U. M., 1, 2 o., 9, 11, 12, 14, 20, 30, 33, 45, 49, 54, 56, 61, 62, 64, 66, 70, 71, 76, 79, 80, 82, 86, 88, 100); HB Verlag/argus-Fotoagentur: Schröder (24, 27, 93); L. Janicek (2 u., 18); Lade: Wenske (U. r.); Laif: Tophoven (111); Mauritius: Thonig (26); E. Wrba (4, 5 l., 5 r., 6, 7, 17, 22, 28, 34, 37, 38, 40, 46, 51, 53, 55, 67, 69, 72, 75, 78, 83, 91, 94, 97, 98)

7., aktualisierte Auflage 2006 © MAIRDUMONT, Ostfildern
Herausgeber: Ferdinand Ranft, Chefredakteurin: Marion Zorn
Redaktion: Nikolai Michaelis, Bildredaktion: Gabriele Forst
Kartografie Reiseatlas: © MAIRDUMONT/Falk Verlag, Ostfildern
Vermarktung: MAIRDUMONT MEDIA, media@mairdumont.com
Gestaltung: red.sign, Stuttgart
Sprachführer: in Zusammenarbeit mit Ernst Klett Sprachen GmbH, Stuttgart, Redaktion PONS Wörterbücher

Printed in Germany. Gedruckt auf 100% chlorfrei gebleichtem Papier

Bloß nicht!

Ausgesprochene Touristenfallen gibt es nicht, aber man kann auch selbst ins Fettnäpfchen treten

Antikes ohne Erlaubnis mitnehmen
Antiquitäten, alte Webarbeiten und Stickereien sowie alte Ikonen dürfen nur mit besonderer Genehmigung ausgeführt werden. Diese Erlaubnis sollte der Händler einholen. Mitbringsel aus antiken Stätten sind unzulässig; selbst kleine Keramikscherben dürfen nicht entfernt werden.

Zu spärlich bekleidet sein
Am Strand und in den großen Badeorten stören sich Griechen nicht mehr an nackter Haut. In Kirchen und Klöstern aber sind bedeckte Schultern und Knie erwünscht. In manche Klöster werden Besucherinnen, die Hosen tragen, nicht eingelassen. In den Dörfern wird man von den Einheimischen eher respektiert, wenn man nicht in Badekleidung durch die Gassen schlendert.

Brandgefahr unterschätzen
Die Waldbrandgefahr in Griechenland ist groß. Insbesondere Raucher und Camper werden um Vorsicht gebeten!

In jedem Fall Trinkgeld
Noch immer sind viele Griechen Fremden gegenüber äußerst hilfsbereit. Man weiß oft nicht, wie man sich bedanken soll. Ein Trinkgeld ist außerhalb von Hotels und Restaurants immer der falsche Weg. Oft sind die Helfer bedeutend wohlhabender, als sie aussehen; Bargeld wäre für sie eine Beleidigung. Besser, man lädt sie zu einem Kaffee ein oder macht ein Foto von ihnen, das man ihnen später auch tatsächlich schickt.

Blindlings Fisch bestellen
Wer im Restaurant frischen (und recht teuren) Fisch bestellt, sollte beim Abwiegen dabei sein und gleich den Preis erfragen, um unliebsame Überraschungen beim Bezahlen zu vermeiden.

Nationalstolz verletzen
Seitdem manche Nationalisten in der ehemals jugoslawischen Teilrepublik Mazedonien Ansprüche auf die griechische Provinz Makedonien erheben, ist König Alexander der Große wieder in aller Griechen Munde. Er gilt als bester Beweis dafür, dass Makedonien immer griechisch war. Wer dem Eroberer Alexander Größe abspricht und ihn als größenwahnsinnigen Völkerschlächter bezeichnet, wird nur Ärger ernten.

Mittagsruhe stören
Zwischen 14 und 17 Uhr sollte man keinen Griechen anrufen. Auch Mönchen und Nonnen ist die Mittagsruhe heilig. Zwischen 13 und 17 Uhr sind Besucher in Klöstern nicht willkommen.